MAKANAN RINGAN TERBAIK DI KEDAI KOPI

Tingkatkan Pengalaman Kopi Anda dengan 100 Gigitan Lazat

JANE RAMACHANDRA

Bahan Hak Cipta ©2023

Hak cipta terpelihara

Tiada bahagian buku ini boleh digunakan atau dihantar dalam apa jua bentuk atau dengan apa cara sekalipun tanpa kebenaran bertulis yang sewajarnya daripada penerbit dan pemilik hak cipta, kecuali petikan ringkas yang digunakan dalam semakan. Buku ini tidak boleh dianggap sebagai pengganti nasihat perubatan, undang-undang atau profesional lain.

ISI KANDUNGAN

ISI KANDUNGAN 3
PENGENALAN 6
BAKLAVA 8
   1. Pistachio Baklava 9
   2. Oreo baklava 12
   3. Ferrero Rocher Baklava Tanpa Bakar 14
DANISH 16
   4. Buah Mini Danish 17
   5. Cappuccino Danishes 19
CROISSANTS 21
   6. Croissant Lemon Blueberry 22
   7. Croissant cip coklat 24
   8. Croissant eclair pisang 27
   9. Croissant Nutella dan Pisang 29
   10. S'mores Croissant 31
   11. Croissant Sanggul Jari Kayu Manis 34
   12. Croissant Gula Kayu Manis 38
   13. Croissant Blueberry dan Krim Keju 40
   14. Raspberry Rose Lychee Croissant 42
   15. Croissant Blueberry 46
   16. Croissant Raspberi 48
COOKIES BACAAN PENDEK 50
   17. Biskut roti badam 51
   18. Biskut roti pendek gula perang 53
   19. Biskut roti pendek berbuah 55
   20. Kuki roti pendek lavender 57
   21. Biskut roti pendek mocha 59
   22. Biskut roti pendek kacang 61
   23. Biskut roti pendek berempah 63
   24. Biskut roti pendek pecan 65
   25. Kuki roti pendek hazelnut Oregon 67
SKONE 69
   26. Scone Cappuccino 70
   27. Skon kopi kayu manis 72
   28. Matcha Green Tea Scones 74
   29. Scones Teh Earl Grey 77
   30. Skon Kek Hari Jadi 80
   31. Funfetti Scones 83
   32. Scones Kekasih Bentuk Hati 86
   33. Cadbury Creme Egg Scones 89
   34. Scones Buah Markisa 92

35. Skon Kelapa dan Nanas	94
36. Skon Lemonade Merah Jambu	97
37. Skon Kranberi Labu	99

COOKIES CHIP COOKIES **101**

38. Kuki Pretzel dan Karamel	102
39. Granola dan Biskut Coklat	104
40. Biscoff Chocolate Chip Cookies	106
41. Kuki Black Forest	108
42. Kuki Truffle Coklat	111
43. Sandwic Coklat Berganda	114
44. Biskut Coklat Cip	116
45. Kuki Coklat Putih Matcha Tanpa Bakar	118
46. Kuki Cadbury dan Hazelnut	120
47. Cake campur biskut	122
48. Kuki Jerman	124
49. Kuki Ceri	126
50. Speculoos	128
51. Biskut Coklat Serpihan jagung	131
52. Kuki Cappucino Coklat Putih	133
53. Snickers Bar Stuffed Chocolate Chip Cookies	136

BROWNIES **138**

54. Banana Fudge Walnut Brownies	139
55. Brownies Fudge Pahit Manis	141
56. Brownies Fudgy Karamel Masin	143
57. Brownies Walnut Fudge Coklat	145
58. Raspberry Fudge Brownies	147
59. Espresso Fudge Brownies	149
60. Brownies Red Velvet Fudge	151

SANDWICH BAGEL **154**

61. Sandwich Bagel Avocado	155
62. Sandwic bagel ayam belanda salai	157
63. Sarapan pagi Bagel dengan mikrohijau pedas	159
64. Sandwich Telur Bagel Pantas	161
65. Bar mini bagel salmon salai	163
66. Bagel Hutan Hitam	165
67. Bagel atas udang	167
68. Daging ketam kembung dan telur pada bagel	169
69. Avocado dan Bacon Bagel	171

CAMPURAN KACANG DAN BIJI **173**

70. Furikake Chex Mix	174
71. Pink Lemon ade Chex Mix	176
72. Campuran munch barbeku	178
73. Campuran Pesta Red Velvet	180

74. Asian Fusion Party Mix 182
75. Chex muddy buddies 184
76. Red Velvet Puppy Chow 186
77. Campuran Pesta BBQ Pedas 188

DONAT 190
78. Tiramisu Donuts 191
79. Mini Ricotta Donuts Sumbat Nutella 195
80. Donat Keju Cheddar dan Jalapeño 197
81. Apple Cider Paleo Donuts 199
82. Donat Kek Coklat 201
83. Donat Dadih Markisa 203
84. Donat Kek Blueberry 207
85. Donat Oreo Bakar 209

GULUNG CINNAMON 212
86. Gulungan Cinnamon Lemonade Merah Jambu 213
87. Coklat Oreo Cinnamon Rolls 215
88. Red Velvet Cinnamon Rolls 218
89. Gulungan kayu manis kentang 221
90. Krim putar pecan gulung kayu manis 224
91. Sos epal gulung kayu manis 226
92. Gulungan kayu manis oren 229

EMPANADAS 231
93. Empanada Ayam BBQ 232
94. Empanada Turki 234
95. Empanada Sosej Babi 236
96. Tuna Empanada 239
97. Galician Codfish Empanada 242
98. Empanada Udang 245
99. Empanada Anggur dan Daging Lembu 248
100. Empanada Hazelnut dan Pisang 251

PENUTUP 253

PENGENALAN

Di tengah-tengah penerokaan masakan, di mana rasa menari dan aroma berjalin, kami amat mengalu-alukan anda untuk memulakan perjalanan yang luar biasa melalui "Makanan ringan terbaik di kedai kopi". Di dalam halaman ini terdapat khazanah 100 gigitan yang direka dengan teliti, setiap satu direka untuk mengatasi perkara biasa dan meningkatkan pengalaman kopi anda ke tahap yang lebih tinggi. Sertai kami sambil kami mendalami seni gandingan, di mana gabungan harmoni kopi yang kaya, baru dibancuh dan gigitan yang lazat menjadi simfoni deria.

Bayangkan melangkah ke kedai kopi kegemaran anda, syurga di mana udara diselitkan dengan bauan biji kopi premium yang menawan. Sekarang, bayangkan pengalaman ini bukan sahaja sebagai perayaan minuman yang luar biasa tetapi juga sebagai pengembaraan gastronomi. "Makanan ringan terbaik di kedai kopi" adalah pujian kepada detik-detik ketika seteguk kopi pertama bertemu dengan gigitan yang sempurna, mencipta dialog masakan yang meningkatkan keseronokan setiap keseronokan.

Sama ada anda mendapati diri anda mencari ketenangan di sudut yang sunyi, menganjurkan perhimpunan makan tengah hari yang penuh semangat, atau menikmati rehat kopi petang yang santai, gigitan yang disusun rapi ini bersedia untuk mengubah ritual anda menjadi tontonan masakan. Daripada juadah manis yang mempesonakan selera anda sehinggalah kepada hidangan lazat yang memikat selera anda, koleksi ini merangkumi keseluruhan spektrum rasa, memastikan kejutan yang menggembirakan setiap kali membuka halaman.

Sambil anda melibatkan diri dalam pengembaraan masakan ini, kami menjemput anda untuk menerima tanggapan bahawa kopi bukan sekadar minuman—ia adalah pengalaman. Dan apabila digandingkan dengan gigitan yang sempurna, ia menjadi satu perjalanan penemuan, penerokaan rasa, tekstur, dan kegembiraan semata-mata yang diperoleh daripada menikmati detik-detik kehidupan yang lazat. Jadi, dapatkan cawan kegemaran anda, bersedia untuk mendapat inspirasi, dan mari memulakan pelayaran yang luar biasa ini melalui "Makanan ringan terbaik di kedai kopi".
Pastri dan Barangan Bakar .

BAKLAVA

1. Pistachio Baklava

BAHAN-BAHAN:
- 3½ cawan gula
- 2½ cawan air
- 2 sudu besar madu
- 2 sudu teh jus lemon
- 1 batang kayu manis
- 3 ulas keseluruhan
- ½ paun Walnut, dikisar halus
- ½ paun badam, dikisar halus
- ½ paun pistachio, dikisar halus
- 2 sudu teh kayu manis tanah
- ½ sudu teh bunga cengkih
- 1½ paun pastri Phyllo
- 4 batang mentega tanpa garam, cair

ARAHAN:

a) Dalam periuk, satukan;

b) 3 cawan gula bersama air, madu, jus lemon, batang kayu manis, dan bunga cengkih dan biarkan ia sejuk.

c) Dalam mangkuk besar, satukan kacang, baki ½ cawan gula, kayu manis yang dikisar dan bunga cengkih. Mengetepikan.

d) Buka gulungan doh phyllo di atas permukaan rata dan tutup dengan kertas lilin atau tuala lembap.

e) Keluarkan 8 helaian dan masukkan ke dalam peti sejuk.

f) Menggunakan berus pastri, sapu loyang 15½x11 ½ x 3 dengan mentega cair,

g) Gunakan 8 helaian untuk bahagian bawah dan taburkan dengan bancuhan kacang.

h) Lapiskan 3 helai lagi dan taburkan adunan sekali lagi. Teruskan sehingga semua phyllo digunakan.

i) Atas dengan 8 helaian.

j) Panaskan ketuhar hingga 300 darjah F.

k) Menggunakan pisau yang panjang dan sangat tajam, potong baklava menjadi berlian kecil.

l) Mula-mula, buat potongan memanjang 1 jarak sama rata.

m) Potong lurus ke bawah dalam satu garisan dan potong menyerong merentasi potongan memanjang.

n) Panaskan baki mentega dan tuangkan ke atas baklava,

o) Bakar selama 1¼ jam.

p) Keluarkan dan sudukan sirap yang telah disejukkan ke atas keseluruhan pastri dalam kuali.

q) Hidangkan dalam cawan hiasan.

2.Oreo baklava

BAHAN-BAHAN:
- 2 pek pastri filo sejuk
- 150 g walnut
- 150 g Oreo
- 1 sudu besar serbuk kayu manis
- 250 g mentega
- 200 ml air
- 400 g gula pasir
- 1 sudu besar jus lemon

ARAHAN:

a) Panaskan ketuhar pada suhu 180 °C udara panas dan griskan loyang dengan baik.

b) Letakkan kandungan pek pertama doh phyllo dalam hidangan pembakar.

c) Kisar walnut bersama-sama dengan Oreos dan serbuk kayu manis dalam pemproses makanan dan sapukan adunan di atas kepingan pastri filo yang baru anda letakkan dalam hidangan ketuhar.

d) Letakkan kandungan pek pastri filo yang lain di atas adunan Oreo kacang dan potong ke dalam pastri filo ke bahagian bawah hidangan pembakar.

e) Cairkan mentega dan tuangkan mentega ke atas keseluruhan kandungan hidangan ketuhar dan bakar baklava di tengah ketuhar selama 30-35 minit sehingga perang keemasan dan siap.

f) Sementara itu, buat sirap. Masukkan air, gula dan jus lemon ke dalam periuk dan biarkan mendidih. Biarkan menggelegak sehingga semua gula cair.

g) Tuangkan sirap gula ke atas baklava sebaik sahaja ia keluar dari ketuhar dan biarkan ia sejuk sepenuhnya sebelum dihidangkan.

3. Ferrero Rocher Baklava Tanpa Bakar

BAHAN-BAHAN:
- 1 cawan coklat Ferrero Rocher yang dihancurkan
- 1 cawan walnut yang dicincang halus
- 1 cawan pistachio dicincang halus
- 1 cawan madu
- ½ cawan mentega tanpa garam, cair
- ½ sudu teh kayu manis tanah
- ¼ sudu teh bunga cengkih kisar
- 16 helai doh phyllo, dicairkan

ARAHAN:
a) Dalam mangkuk, campurkan coklat Ferrero Rocher yang telah dihancurkan, walnut yang dicincang, pistachio yang dicincang, kayu manis yang dikisar dan bunga cengkih yang dikisar. Mengetepikan.

b) Sapu loyang 9x13 inci dengan mentega cair.

c) Letakkan sehelai doh phyllo dalam loyang dan sapu dengan mentega cair. Ulangi proses ini dengan 7 helai lagi doh phyllo, sapu setiap lapisan dengan mentega cair.

d) Taburkan separuh daripada campuran Ferrero Rocher dan kacang ke atas adunan phyllo.

e) Lapiskan 4 helai lagi doh phyllo, sapu setiap helaian dengan mentega cair.

f) Taburkan baki Ferrero Rocher dan campuran kacang ke atas adunan phyllo.

g) Lapiskan baki 4 helai adunan phyllo di atas, sapu setiap helaian dengan mentega cair.

h) Dengan menggunakan pisau tajam, potong baklava menjadi kepingan berlian atau berbentuk segi empat dengan berhati-hati.

i) Siramkan madu secara merata di atas baklava.

j) Biarkan baklava berada pada suhu bilik selama sekurang-kurangnya 4 jam atau semalaman untuk membolehkan doh phyllo menyerap madu dan menjadi lembut.

k) Hidangkan Ferrero Rocher Baklava pada suhu bilik dan nikmati rasa manis dan pedas!

DANISHES

4.Buah Mini Danish

BAHAN-BAHAN:
- 1 helai pastri puff, dicairkan
- ½ cawan krim keju, dilembutkan
- 2 sudu besar gula pasir
- ½ sudu teh ekstrak vanila
- Pelbagai buah-buahan segar (seperti beri, pic yang dihiris atau aprikot)
- 1 biji telur, dipukul (untuk cucian telur)
- Gula serbuk untuk habuk (pilihan)

ARAHAN:
a) Panaskan ketuhar hingga 400°F (200°C).
b) Canai lembaran pastri puff yang telah dicairkan dan potong menjadi empat segi atau bulatan kecil, kira-kira 3 inci diameter.
c) Letakkan petak atau bulatan pastri di atas loyang yang dialas dengan kertas minyak.
d) Dalam mangkuk, campurkan keju krim lembut, gula pasir, dan ekstrak vanila sehingga rata.
e) Sapukan satu sudu campuran keju krim pada setiap petak atau bulatan pastri, meninggalkan sempadan kecil di sekeliling tepi.
f) Susun buah-buahan segar di atas keju krim, mencipta paparan yang berwarna-warni dan menarik.
g) Sapu tepi pastri dengan cucian telur yang telah dipukul.
h) Bakar dalam ketuhar yang telah dipanaskan selama 15-18 minit, atau sehingga pastri berwarna perang keemasan dan kembang.
i) Keluarkan dari ketuhar dan biarkan ia sejuk sedikit.
j) Taburkan dengan gula tepung jika mahu.
k) Hidangkan buah mini Danishes ini sebagai hidangan pastri yang enak dan berbuah.

5. Cappuccino Danishes

BAHAN-BAHAN:
- 1 helai puff pastry (dicairkan)
- ¼ cawan krim keju
- 2 sudu besar butiran kopi segera
- 2 sudu besar gula halus
- ¼ cawan walnut cincang (pilihan)
- ¼ cawan cip coklat
- 1 biji telur (untuk cucian telur)

ARAHAN:

a) Panaskan ketuhar anda hingga 375°F (190°C) dan alaskan loyang dengan kertas parchment.

b) Canai puff pastry dan potong segi empat sama atau segi empat tepat.

c) Dalam mangkuk kecil, campurkan keju krim, butiran kopi segera, dan gula tepung sehingga sebati.

d) Sapukan satu sudu campuran keju krim kopi ke setiap keping pastri puff.

e) Taburkan walnut cincang (jika guna) dan cip coklat di atasnya.

f) Sapu tepi pastri dengan telur yang telah dipukul.

g) Bakar selama kira-kira 15-20 minit atau sehingga pastri berwarna perang keemasan.

h) Biarkan ia sejuk sedikit sebelum menghidangkan cappuccino Danishes anda.

CROISSANTS

6. Croissant Lemon Blueberry

BAHAN-BAHAN:
- Doh asas croissant
- ½ cawan beri biru
- 2 sudu besar gula pasir
- 1 sudu besar tepung jagung
- 1 sudu besar kulit limau
- 1 biji telur dipukul dengan 1 sudu air

ARAHAN:

a) Canai doh croissant menjadi segi empat tepat yang besar.

b) Dalam mangkuk kecil, campurkan beri biru, gula, tepung jagung, dan kulit limau.

c) Ratakan adunan blueberry di atas permukaan doh.

d) Potong doh menjadi segi tiga.

e) Gulung setiap segi tiga sehingga membentuk croissant.

f) Letakkan croissant pada lembaran pembakar yang beralas, berus dengan basuh telur, dan biarkan naik selama 1 jam.

g) Panaskan ketuhar hingga 400°F (200°C) dan bakar croissant selama 20-25 minit sehingga perang keemasan.

7.Croissant cip coklat

BAHAN-BAHAN:
- 1½ cawan Mentega atau marjerin, dilembutkan
- ¼ cawan Tepung serba guna
- ¾ cawan Susu
- 2 sudu besar Gula
- 1 sudu teh Garam
- ½ cawan air yang sangat suam
- 2 pek yis kering Aktif
- 3 cawan Tepung, tidak diayak
- 12 auns cip coklat
- 1 kuning telur
- 1 sudu besar Susu

ARAHAN:

a) Dengan sudu, pukul mentega, dan ¼ cawan tepung sehingga sebati. Sapukan pada kertas berlilin dalam segi empat tepat 12x6. Sejukkan. Panaskan ¾ cawan susu; kacau dalam 2 sudu besar gula, garam untuk larut.

b) Sejuk hingga suam. Taburkan air dengan yis; kacau hingga larut. Dengan sudu, pukul dalam adunan susu dan 3 cawan tepung sehingga rata.

c) Hidupkan kain pastri yang ditaburkan sedikit tepung; uli hingga rata. Biarkan mengembang, bertutup, di tempat yang hangat, bebas daripada draf, sehingga mengembang dua kali ganda -- kira-kira 1 jam. Sejukkan selama ½ jam.

d) Pada kain pastri yang ditaburkan sedikit tepung, gulung menjadi segi empat tepat 14x14.

e) Letakkan campuran mentega pada separuh daripada doh; keluarkan kertas itu. Lipat separuh lagi ke atas mentega; cubit tepi untuk mengelak. Dengan lipatan di sebelah kanan, gulung dari tengah ke 20x8.

f) Dari bahagian pendek, lipat doh menjadi tiga, membuat 3 lapisan; tepi meterai; sejuk selama 1 jam dibalut dengan foil. Dengan lipat di sebelah kiri, gulung ke 20x8; lipat; sejukkan selama ½ jam. ulang.

g) Sejukkan semalaman. Keesokan harinya, gulung; lipat dua kali; sejukkan ½ jam antara. Kemudian sejukkan 1 jam lebih lama.

h) Untuk membentuk: potong doh kepada 4 bahagian. Pada kain pastri yang ditaburkan sedikit tepung, gulungkan setiap satu ke dalam bulatan 12 inci. Potong setiap bulatan kepada 6 baji.

i) Taburkan baji dengan cip coklat -- berhati-hati untuk meninggalkan jidar ½ inci di sekeliling dan jangan terlalu banyak dengan kerepek. Gulung bermula pada hujung lebar. Bentuk menjadi bulan sabit. Letakkan mata sebelah bawah, 2" di atas kertas coklat pada helaian kuki.

j) Penutup; biarkan naik di tempat yang hangat, bebas dari draf sehingga dua kali ganda, 1 jam.

k) Panaskan ketuhar hingga 425. berus dengan kuning telur yang telah dipukul dan campurkan dengan 1 sudu besar susu. Bakar selama 5 minit, kemudian kurangkan ketuhar kepada 375; bakar selama 10 minit lebih atau sehingga croissant kembang dan keperangan.

l) Sejukkan di atas redai selama 10 minit.

8. Croissant eclair pisang

BAHAN-BAHAN:
- 4 croissant beku
- 2 Petak coklat separuh manis
- 1 sudu besar Mentega
- ¼ cawan gula kuih-muih yang diayak
- 1 sudu teh air panas; sehingga 2
- 1 cawan puding vanila
- 2 sederhana Pisang; dihiris

ARAHAN:

11. Potong croissant beku separuh memanjang; pergi bersama. Panaskan croissant beku pada lembaran pembakar yang tidak digris pada suhu 325°F yang telah dipanaskan terlebih dahulu. ketuhar 9-11 minit.

12. Cairkan coklat dan mentega bersama. Kacau dalam gula dan air untuk membuat sayu yang boleh disebarkan.

13. Sapukan ¼ cawan puding pada bahagian bawah setiap croissant. Teratas dengan hirisan pisang.

14. Gantikan bahagian atas croissant; gerimis pada sayu coklat.

15. Hidang.

9.Nutella dan Croissant Pisang

BAHAN-BAHAN:
- 1 helai puff pastry, dicairkan
- ¼ cawan Nutella
- 1 biji pisang, hiris nipis
- 1 biji telur, dipukul
- Gula tepung, untuk habuk

ARAHAN:

a) Panaskan ketuhar anda hingga 400°F (200°C).

b) Pada permukaan yang ditaburkan sedikit tepung, gulungkan kepingan pastri puff ke segi empat sama 12 inci.

c) Potong segi empat sama kepada 4 petak yang lebih kecil.

d) Sapukan satu sudu Nutella pada setiap petak, meninggalkan sempadan kecil di sekeliling tepi.

e) Letakkan beberapa hirisan pisang di atas Nutella.

f) Gulung setiap segi empat sama dari satu sudut ke sudut bertentangan, membentuk bentuk croissant.

g) Letakkan croissant di atas loyang yang dialas dengan kertas parchment.

h) Sapu croissant dengan telur yang telah dipukul.

i) Bakar selama 15-20 minit, sehingga croissant berwarna perang keemasan dan mengembang.

j) Taburkan dengan gula tepung sebelum dihidangkan.

10. S'mores Croissant

BAHAN-BAHAN:
- 1 helai puff pastry, dicairkan
- ¼ cawan Nutella
- ¼ cawan marshmallow mini
- ¼ cawan serbuk keropok graham
- 1 biji telur, dipukul
- Gula tepung, untuk habuk

ARAHAN:

a) Panaskan ketuhar pada suhu yang ditunjukkan pada bungkusan pastri puff. Biasanya, suhu sekitar 375°F (190°C).

b) Pada permukaan yang ditaburkan sedikit tepung, buka lembaran pastri puff yang telah dicairkan dan gulungkan sedikit sehingga ketebalannya.

c) Menggunakan pisau atau pemotong pizza, potong pastri puff menjadi segi tiga. Anda harus mendapatkan sekitar 6-8 segi tiga, bergantung pada saiz yang anda suka.

d) Sapukan lapisan nipis Nutella pada setiap segitiga pastri puff, meninggalkan sempadan kecil di sekeliling tepi.

e) Taburkan serbuk keropok graham di atas lapisan Nutella pada setiap segi tiga.

f) Letakkan beberapa marshmallow mini di atas serpihan keropok graham, ratakan ke seluruh segi tiga.

g) Bermula dari hujung yang lebih luas setiap segi tiga, gulungkan pastri dengan berhati-hati ke arah hujung runcing, membentuk bentuk croissant. Pastikan untuk mengelak tepi untuk mengelakkan isi daripada bocor.

h) Letakkan croissant yang disediakan di atas lembaran pembakar yang dialas dengan kertas parchment, tinggalkan sedikit ruang di antara mereka untuk mengembang semasa membakar.

i) Sapu bahagian atas setiap croissant dengan telur yang telah dipukul, yang akan memberikan mereka warna keemasan yang indah apabila dibakar.

j) Bakar S'mores Croissant dalam ketuhar yang telah dipanaskan selama kira-kira 15-18 minit atau sehingga ia bertukar menjadi perang keemasan dan mengembang.

k) Setelah masak, keluarkan croissant dari ketuhar dan biarkan ia sejuk sedikit di atas rak dawai.

l) Sebelum dihidangkan, taburkan S'mores Croissant dengan gula tepung, menambah sentuhan manis dan sentuhan kemasan yang menarik.

m) Nikmati S'mores Croissant buatan sendiri anda yang lazat sebagai hidangan lazat untuk sarapan pagi, pencuci mulut atau bila-bila masa anda mengidamkan gabungan Nutella, marshmallow dan keropok graham yang menarik.

11. Croissant Sanggul Jari Kayu Manis

BAHAN-BAHAN:
doh salib:
- 500 gram tepung serba guna
- 60 gram gula pasir
- 10 gram garam
- 7 gram yis kering aktif
- 250 ml susu suam
- 250 gram mentega tanpa garam, disejukkan dan dipotong menjadi kepingan nipis

PENGISIAN:
- 100 gram mentega tanpa garam, dilembutkan
- 80 gram gula perang
- 2 sudu teh kayu manis tanah

ICING:
- 150 gram gula tepung
- 2 sudu besar susu
- 1/2 sudu teh ekstrak vanila

ARAHAN:

SEDIAKAN doh CROISSANT:

a) Dalam mangkuk adunan besar, pukul bersama tepung serba guna, gula pasir, garam dan yis kering aktif.

b) Masukkan susu suam perlahan-lahan ke dalam bahan kering dan gaul sehingga menjadi doh.

c) Uli doh di atas permukaan yang ditaburi tepung selama kira-kira 5-7 minit sehingga licin dan elastik.

d) Bentukkan doh menjadi bebola, tutup dengan bungkus plastik, dan biarkan selama 15 minit.

e) Canai doh menjadi segi empat tepat setebal 1/4 inci.

f) Letakkan kepingan mentega tanpa garam yang telah disejukkan di atas dua pertiga doh, biarkan satu pertiga lagi tanpa mentega.

g) Lipat sepertiga tanpa mentega di atas sepertiga tengah, dan kemudian lipat ketiga yang telah disapu mentega di atasnya. Ini dipanggil "lipatan huruf."

h) Putar doh 90 darjah dan gulung semula menjadi segi empat tepat. Lakukan satu lagi lipatan huruf.

i) Balut doh dalam bungkus plastik dan sejukkan selama 30 minit.

j) Ulangi proses menggolek dan melipat dua kali lagi, sejukkan doh selama 30 minit antara setiap lipatan.

k) Selepas lipatan terakhir, sejukkan doh sekurang-kurangnya 2 jam atau lebih baik semalaman.

SEDIAKAN PENGISIAN:

l) Dalam mangkuk kecil, campurkan mentega tanpa garam yang telah dilembutkan, gula perang, dan kayu manis yang dikisar sehingga sebati. Mengetepikan.

m) Bentukkan Croissant:

n) Pada permukaan yang ditaburi sedikit tepung, canai doh croissant ke dalam segi empat tepat besar kira-kira 1/4 inci tebal.

o) Ratakan inti yang telah disediakan ke seluruh permukaan doh.

p) Bermula dari satu hujung yang panjang, gulung doh dengan teliti ke dalam kayu balak yang ketat.

q) Dengan menggunakan pisau tajam, potong kayu balak menjadi kepingan bersaiz sekata, kira-kira 1 inci lebar setiap satu.

r) Letakkan kepingan pada lembaran pembakar yang dialas dengan kertas parchment, tinggalkan ruang yang cukup di antara mereka untuk pengembangan.

s) Tutup croissant dengan tuala dapur yang bersih dan biarkan ia naik pada suhu bilik selama 1 hingga 2 jam, atau sehingga saiznya dua kali ganda.

BAKAR CROISSANTS:
t) Panaskan ketuhar anda kepada 375°F (190°C).

u) Bakar croissant dalam ketuhar yang telah dipanaskan selama 15 hingga 20 minit, atau sehingga ia bertukar menjadi perang keemasan.

v) Sediakan Ais:

w) Dalam mangkuk kecil, campurkan gula tepung, susu, dan ekstrak vanila sehingga anda mendapat aising yang licin.

x) Ais Croissant:

y) Setelah croissant sejuk sedikit, taburkan aising di atas setiap croissant.

z) Hidangkan dan Nikmati:

aa) Croissant bun jari anda sedia untuk dihidangkan! Ia paling sesuai dinikmati segar, tetapi anda boleh menyimpan apa-apa sisa dalam bekas kedap udara pada suhu bilik sehingga 2 hari.

bb) Nikmati croissant roti jari buatan sendiri yang menarik! Mereka menggabungkan kebaikan croissant dengan inti manis dan berperisa kayu manis, menjadikannya hidangan yang sempurna untuk sarapan pagi atau bila-bila masa sepanjang hari.

12. Croissant Gula Kayu Manis

BAHAN-BAHAN:
- Doh asas croissant
- ¼ cawan gula pasir
- 1 sudu besar kayu manis tanah
- ½ cawan mentega tanpa garam, cair

ARAHAN:
a) Canai doh croissant menjadi segi empat tepat yang besar.
b) Potong doh menjadi segi tiga.
c) Dalam mangkuk adunan kecil, satukan gula dan kayu manis.
d) Sapu setiap croissant dengan mentega cair dan taburkan dengan gula kayu manis.
e) Gulung setiap segi tiga ke atas, bermula dari hujung lebar, dan bentukkannya menjadi bulan sabit.
f) Letakkan croissant pada lembaran pembakar yang beralas, dan biarkan naik selama 1 jam.
g) Panaskan ketuhar hingga 400°F (200°C) dan bakar croissant selama 20-25 minit sehingga perang keemasan.

13. Blueberry dan Krim Keju Croissant

BAHAN-BAHAN:
- Doh asas croissant
- 4 auns krim keju, dilembutkan
- ¼ cawan blueberry awet
- 1 biji telur dipukul dengan 1 sudu air
- Gula serbuk untuk habuk

ARAHAN:

a) Canai doh croissant menjadi segi empat tepat yang besar.

b) Potong doh menjadi segi tiga.

c) Dalam mangkuk adunan, satukan keju krim dan pengawet blueberry.

d) Sapukan campuran keju krim ke bahagian bawah setiap croissant.

e) Gantikan bahagian atas croissant dan tekan ke bawah perlahan-lahan.

f) Letakkan croissant pada lembaran pembakar yang beralas, berus dengan basuh telur, dan biarkan naik selama 1 jam.

g) Panaskan ketuhar hingga 400°F (200°C) dan bakar croissant selama 20-25 minit sehingga perang keemasan.

h) Taburkan dengan gula tepung sebelum dihidangkan.

14. Raspberry Rose Lychee Croissant

BAHAN-BAHAN:
doh salib:
- 500 gram tepung serba guna
- 50 gram gula pasir
- 7 gram yis kering aktif
- 250 ml susu suam
- 100 gram mentega tanpa garam, dilembutkan
- 1 sudu teh garam
- Blok Mentega:
- 250 gram mentega tanpa garam, disejukkan dan dipotong menjadi kepingan nipis

PENGISIAN:
- 1 cawan raspberi segar
- 1 cawan laici dalam tin, toskan dan cincang
- 2 sudu besar air mawar
- 2 sudu besar gula pasir

GLAZE:
- 1/2 cawan gula halus
- 1 sudu besar air mawar
- Kelopak mawar segar (pilihan, untuk hiasan)

ARAHAN:
SEDIAKAN doh CROISSANT:
a) Dalam mangkuk adunan besar, pukul bersama tepung serba guna, gula pasir dan yis kering aktif.
b) Masukkan susu suam perlahan-lahan ke dalam bahan kering dan gaul sehingga menjadi doh.
c) Uli doh di atas permukaan yang ditaburi tepung selama kira-kira 5-7 minit sehingga licin dan elastik.
d) Bentukkan doh menjadi bebola, tutup dengan bungkus plastik, dan biarkan selama 15 minit.

MASUKKAN BUTTER BLOCK:
e) Pada permukaan yang ditaburkan tepung, canai mentega tanpa garam yang telah dilembutkan ke dalam segi empat tepat 6x10 inci.
f) Letakkan blok mentega di atas dua pertiga doh, biarkan satu pertiga lagi tanpa mentega.
g) Lipat sepertiga tanpa mentega di atas sepertiga tengah, dan kemudian lipat ketiga yang telah disapu mentega di atasnya. Ini dipanggil "lipatan huruf."
h) Putar doh 90 darjah dan gulung semula menjadi segi empat tepat. Lakukan satu lagi lipatan huruf.
i) Balut doh dalam bungkus plastik dan sejukkan selama 30 minit.
j) Ulangi proses menggolek dan melipat dua kali lagi, sejukkan doh selama 30 minit antara setiap lipatan.
k) Selepas lipatan terakhir, sejukkan doh sekurang-kurangnya 2 jam atau lebih baik semalaman.

SEDIAKAN PENGISIAN:
l) Dalam mangkuk, campurkan raspberi segar, laici cincang, air mawar dan gula pasir perlahan-lahan. Ketepikan inti.

BENTUK CROISSANTS:
m) Pada permukaan yang ditaburi sedikit tepung, canai doh croissant ke dalam segi empat tepat besar kira-kira 1/4 inci tebal.
n) Potong doh menjadi segi tiga dengan membuat potongan pepenjuru kira-kira 4-5 inci lebar di pangkal segi empat tepat.
o) Letakkan satu sudu isi laici mawar raspberi di pangkal setiap segi tiga.

p) Bermula dari pangkal, gulung perlahan-lahan setiap segi tiga ke arah hujung untuk membentuk croissant.

q) Letakkan croissant pada lembaran pembakar yang dialas dengan kertas parchment, meninggalkan ruang yang cukup di antara mereka untuk pengembangan.

r) Tutup croissant dengan tuala dapur yang bersih dan biarkan ia naik pada suhu bilik selama 1 hingga 2 jam, atau sehingga saiznya dua kali ganda.

PANAS DAN SAYU:

s) Panaskan ketuhar anda kepada 375°F (190°C).

t) Dalam mangkuk kecil, campurkan gula tepung dan air mawar untuk membuat sayu.

BAKAR RASPBERRY ROSE LYCHEE CROISSANTS:

u) Sapu croissant yang telah dibangkitkan dengan sayu, simpan sedikit sayu untuk kemudian.

v) Bakar croissant dalam ketuhar yang telah dipanaskan selama 15 hingga 20 minit, atau sehingga ia bertukar menjadi perang keemasan.

SAPU SEMULA DAN HIASAN:

w) Keluarkan croissant dari ketuhar dan sapunya dengan sayu yang tinggal.

x) Jika dikehendaki, hiaskan croissant dengan kelopak mawar segar untuk sentuhan keanggunan tambahan.

15. Croissant Blueberry

BAHAN-BAHAN:
- Doh asas croissant
- 1 cawan beri biru segar
- ¼ cawan gula pasir
- 1 sudu besar tepung jagung
- 1 biji telur dipukul dengan 1 sudu air

ARAHAN:
a) Canai doh croissant menjadi segi empat tepat yang besar.
b) Dalam mangkuk kecil, campurkan blueberry, gula, dan tepung jagung.
c) Ratakan adunan blueberry di atas permukaan doh.
d) Potong doh menjadi segi tiga.
e) Gulung setiap segi tiga sehingga membentuk croissant.
f) Letakkan croissant pada lembaran pembakar yang beralas, sapu dengan basuh telur, dan biarkan naik selama 1 jam.
g) Panaskan ketuhar hingga 400°F (200°C) dan bakar croissant selama 20-25 minit sehingga perang keemasan.

16. Croissant Raspberi

BAHAN-BAHAN:
- Doh asas croissant
- 1 cawan raspberi segar
- ¼ cawan gula pasir
- 1 biji telur dipukul dengan 1 sudu air

ARAHAN:
a) Canai doh croissant menjadi segi empat tepat yang besar.
b) Potong doh menjadi segi tiga.
c) Letakkan raspberi segar pada setiap croissant.
d) Taburkan gula pasir ke atas raspberi.
e) Gulung setiap segi tiga ke atas, bermula dari hujung lebar, dan bentukkannya menjadi bulan sabit.
f) Letakkan croissant pada lembaran pembakar yang beralas, dan biarkan naik selama 1 jam.
g) Panaskan ketuhar hingga 400°F (200°C) dan bakar croissant selama 20-25 minit sehingga perang keemasan.

COOKIES BACAAN PENDEK

17. Biskut roti badam

BAHAN-BAHAN:
- 1 cawan Tepung, serba guna
- ½ cawan tepung jagung
- ½ cawan Gula, serbuk
- 1 cawan badam, dicincang halus
- ¾ cawan Mentega; dilembutkan

ARAHAN:

a) Satukan tepung, tepung jagung, dan gula tepung; kacau dalam badam. Tambah mentega; blend dengan senduk kayu hingga menjadi doh yang lembut.

b) Bentukkan doh menjadi bebola kecil. Letakkan pada helaian kuki yang tidak disapu; ratakan setiap bebola dengan garpu yang ditaburkan sedikit tepung. Bakar pada suhu 300 darjah selama 20 hingga 25 minit atau sehingga bahagian tepi hanya berwarna perang.

c) Sejukkan sebelum disimpan.

18. Biskut roti pendek gula perang

BAHAN-BAHAN:
- 1 cawan mentega tanpa garam; suhu bilik
- 1 cawan gula perang muda yang dibungkus
- 2 cawan tepung serba guna
- ¼ sudu teh Garam
- 1 sudu besar Gula
- 1 sudu teh kayu manis tanah

ARAHAN:

a) Panaskan ketuhar hingga 325 darjah. Loyang bentuk spring 9" mentega ringan. Menggunakan pengadun elektrik, pukul 1 cawan mentega dalam mangkuk yang lebih besar sehingga ringan dan gebu.

b) Masukkan gula merah dan pukul sebati. Menggunakan spatula getah, campurkan tepung dan garam (jangan overmix). Tekan doh ke dalam kuali yang disediakan. Satukan gula dan kayu manis dalam mangkuk kecil. Taburkan gula kayu manis ke atas doh. Potong doh kepada 12 bahagian, gunakan pembaris sebagai panduan dan potong doh. Tusuk setiap baji beberapa kali dengan pencungkil gigi.

c) Bakar sehingga roti pendek berwarna perang, padat di tepi dan sedikit lembut di tengah, kira-kira 1 jam. Sejukkan roti pendek sepenuhnya dalam kuali di atas rak. Keluarkan bahagian tepi kuali.

19. Biskut roti pendek buah

BAHAN-BAHAN:
- 2½ cawan Tepung
- 1 sudu teh Krim tartar
- 1½ cawan gula gula
- 1 9 oz. kotak Nonesuch daging cincang
- 1 sudu teh Vanila
- 1 sudu teh Baking soda
- 1 cawan Mentega, dilembutkan
- 1 biji telur

ARAHAN:

a) Panaskan ketuhar kepada 375F. 2. Satukan tepung, soda, dan krim tartar.

b) Dalam mangkuk besar, pukul mentega dan gula hingga kembang. Masukkan telur.

c) Masukkan vanila dan daging cincang yang hancur.

d) Masukkan bahan kering. Gaul sebati-adunan akan menjadi keras.

e) Canai menjadi bebola 1¼". Letakkan di atas helaian biskut yang tidak disapu, ratakan sedikit.

f) Bakar 10-12 minit atau sehingga perang sedikit.

g) Tutup dengan sayu gula, susu dan vanila semasa masih hangat.

20.Kuki roti pendek lavender

BAHAN-BAHAN:
- ½ cawan mentega tanpa garam pada suhu bilik
- ½ cawan gula manisan tidak diayak
- 2 sudu teh bunga lavender kering
- 1 sudu teh daun spearmint kering ditumbuk
- ⅛ sudu teh Kayu Manis
- 1 cawan tepung yang tidak diayak

ARAHAN:
a) Panaskan ketuhar hingga 325 F. Sediakan loyang bersaiz 8" persegi dengan melapik dengan kerajang aluminium dan salutkan kerajang dengan semburan minyak sayuran.
b) Pukul mentega sehingga ringan dan gebu. Masukkan gula, lavender, spearmint dan kayu manis. Kerjakan dalam tepung dan gaul sehingga adunan hancur. Kikiskannya ke dalam kuali yang disediakan dan ratakan sehingga rata, tekan perlahan untuk padat dengan rata.
c) Bakar 25 hingga 30 minit, atau sehingga sedikit keemasan di sekeliling tepi.
d) Angkat perlahan-lahan kedua-dua kerajang dan roti pendek keluar dari kuali ke atas permukaan pemotongan. Potong bar dengan pisau bergerigi.
e) Pindahkan ke rak dawai untuk menyejukkan sepenuhnya. Simpan dalam tin yang bertutup rapat.

21. Biskut roti pendek Mocha

BAHAN-BAHAN:
- 1 sudu teh kopi segera Nescafe Classic
- 1 sudu teh air mendidih
- 1 pek (12-oz) potongan coklat separa manis Rumah Tol Nestle; dibahagikan
- ¾ cawan Mentega; dilembutkan
- 1¼ cawan gula manisan yang diayak
- 1 cawan tepung serba guna
- ⅓ sudu teh Garam

ARAHAN:
a) Panaskan ketuhar hingga 250 darjah. Dalam cawan, larutkan kopi segera Nescafe Classic dalam air mendidih; mengetepikan. Cairkan di atas air panas (bukan mendidih), 1 cawan potongan coklat Nestle Toll House separa manis; kacau hingga rata.

b) Keluarkan dari haba; mengetepikan. Dalam mangkuk besar, satukan mentega, gula dan kopi; pukul sehingga rata. Campurkan tepung dan garam secara beransur-ansur.

c) Kacau dalam kepingan cair. Canai doh di antara dua keping kertas berlilin dengan ketebalan 3/16 inci. Keluarkan helaian atas; potong biskut menggunakan pemotong biskut 2-½ inci. Keluarkan dari kertas berlilin dan letakkan pada helaian kuki yang tidak digris. Bakar pada suhu 250 darjah selama 25 minit. Sejukkan sepenuhnya pada rak dawai.

d) Cairkan di atas air panas (bukan mendidih), tinggal 1 cawan potongan coklat separa manis Nestle Toll House; kacau hingga rata. Sapukan sedikit bulat sudu teh coklat cair pada sisi rata biskut; atas dengan biskut kedua. Ulangi dengan baki kuki.

e) Sejukkan sehingga set. Biarkan berdiri pada suhu bilik 15 minit sebelum dihidangkan.

22. Biskut roti pendek kacang

BAHAN-BAHAN:
- 250 mililiter Mentega; Tanpa garam, Dilembutkan
- 60 mililiter Mentega Kacang Berkrim
- 1 Telur Putih besar; Terpisah
- 5 mililiter Ekstrak Vanila
- 325 mililiter Tepung Serbaguna
- 250 mililiter Oat Gulung Lama
- 60 mililiter Kuman Gandum
- 250 mililiter Kacang Panggang Kering Masin; dicincang halus
- 250 mililiter Gula Perang Muda; padat

ARAHAN:

a) Dalam mangkuk adunan dengan pengadun elektrik, krim bersama Mentega, Mentega Kacang, Gula, kemudian pukul dalam kuning telur dan ekstrak vanila.

b) Masukkan tepung, oat, dan kuman gandum dan pukul adunan sehingga sebati. Ratakan adunan ke dalam loyang gulung jeli yang telah disapu mentega, 15 -½ x 10-½ x 1 inci (40 x 27 x 2½ cm) ratakan bahagian atasnya, sapukan putih telur, dipukul perlahan, atas adunan, dan kemudian taburkan kacang tanah secara rata di atasnya.

c) Bakar campuran di tengah-tengah ketuhar yang telah dipanaskan 300 F (150 C) selama 25 hingga 30 minit, atau sehingga bahagian atas berwarna perang keemasan.

d) Pindahkan kuali ke rak dawai untuk menyejukkan. Semasa adunan masih PANAS, potong kecil sekata dan biarkan biskut sejuk sepenuhnya di dalam kuali.

23. Biskut roti pendek berempah

BAHAN-BAHAN:
- 1 cawan Marjerin, dilembutkan
- ⅔ cawan gula tepung yang diayak
- ½ sudu teh Pala dikisar
- ½ sudu teh kayu manis tanah
- ½ sudu teh halia dikisar
- 2 cawan tepung serba guna

ARAHAN:

a) Mentega krim; masukkan gula secara beransur-ansur, pukul pada kelajuan sederhana pengadun elektrik sehingga ringan dan gebu. Masukkan rempah, dan pukul sebati.

b) Kacau dalam tepung. Doh akan menjadi keras. Bentuk doh menjadi 1 bebola 1$ inci, dan letakkan 2 inci di atas kepingan biskut yang telah digris sedikit. Tekan sedikit kuki dengan setem atau garpu kuki yang ditaburkan tepung untuk meratakan kepada ketebalan ¼ inci. Bakar pada 325 selama 15 hingga 18 minit atau sehingga siap. Biarkan sejuk pada rak dawai.

24. Biskut shortbread pecan

BAHAN-BAHAN:
- ¾ paun Mentega
- 1 cawan Gula Gula
- 3 cawan Tepung, diayak
- ½ sudu teh Garam
- ½ sudu teh Vanila
- ¼ cawan Gula
- ¾ cawan Pecan, dicincang halus

ARAHAN:

a) Pukul mentega dan gula kuih-muih bersama sehingga ringan.

b) Ayak tepung dan garam bersama-sama dan masukkan ke dalam adunan berkrim. Masukkan vanila dan gaul sebati. Masukkan pecan.

c) Kumpulkan doh menjadi bebola, balut dengan kertas lilin, dan sejukkan sehingga pejal.

d) Canai doh sejuk setebal ½". Menggunakan pemotong biskut, potong biskut. Taburkan bahagian atas dengan gula pasir. Letakkan biskut yang telah dipotong pada helaian biskut yang tidak digris dan sejukkan selama 45 minit sebelum dibakar.

e) Panaskan ketuhar kepada 325F.

f) Bakar selama 20 minit atau sehingga hanya mula berwarna sedikit; biskut tidak boleh coklat sama sekali. Sejukkan di atas rak.

25. Kuki roti pendek hazelnut Oregon

BAHAN-BAHAN:
- 1 cawan hazelnut Oregon panggang
- ¾ cawan Mentega; sejuk
- ¾ cawan Gula
- 1½ cawan tepung tidak diluntur

ARAHAN:

a) Kisar hazelnut panggang dalam pemproses makanan hingga kisar kasar. Masukkan mentega dan gula dan proses dengan teliti. Letakkan campuran kacang, mentega dan gula dalam mangkuk adunan, dan tambah tepung (½ cawan pada satu masa) mencampurkan setiap penambahan sepenuhnya. Satukan adunan menjadi bebola.

b) Buat bebola 1-½ inci dan letakkan pada helai biskut tidak melekat, kira-kira ½ inci.

c) Bakar pada suhu 350 selama 10-12 minit. Sejukkan baki doh sehingga sedia untuk dibakar.

SKONE

26.Scones Cappuccino

BAHAN-BAHAN:
- 2 cawan tepung serba guna
- ¼ cawan gula pasir
- 2 sudu besar butiran kopi segera
- 1 sudu besar serbuk penaik
- ½ sudu teh garam
- ½ cawan mentega tanpa garam sejuk, dipotong dadu
- ½ cawan krim berat
- ¼ cawan kopi yang dibancuh kuat, disejukkan
- 1 sudu teh ekstrak vanila
- ½ cawan cip coklat separuh manis (pilihan)
- 1 biji telur (untuk cucian telur)
- Gula kasar (untuk taburan, pilihan)

ARAHAN:
a) Panaskan ketuhar anda hingga 400°F (200°C) dan alaskan loyang dengan kertas parchment.
b) Dalam mangkuk adunan besar, pukul bersama tepung, gula pasir, butiran kopi segera, serbuk penaik dan garam.
c) Masukkan mentega kiub sejuk ke dalam bahan kering. Gunakan pemotong pastri atau jari anda untuk memasukkan mentega ke dalam adunan kering sehingga ia menyerupai serbuk kasar.
d) Dalam mangkuk yang berasingan, satukan krim kental, kopi yang dibancuh dan ekstrak vanila.
e) Tuangkan bahan basah ke dalam adunan kering dan kacau sehingga sebati. Jika mahu, masukkan cip coklat separuh manis.
f) Balikkan doh ke atas permukaan tepung dan uli perlahan-lahan beberapa kali sehingga sebati.
g) Tepuk doh ke dalam bulatan setebal kira-kira 1 inci. Potong bulatan kepada 8 baji.
h) Letakkan scone pada lembaran pembakar yang disediakan. Pukul telur dan sapu pada bahagian atas scone. Taburkan dengan gula kasar, jika digunakan.
i) Bakar dalam ketuhar yang telah dipanaskan selama 15-18 minit atau sehingga skon berwarna perang keemasan dan pencungkil gigi yang dimasukkan ke dalam bahagian tengah keluar bersih.
j) Benarkan scone cappuccino sejuk di atas rak dawai sebelum dihidangkan.

27.scone kopi kayu manis

BAHAN-BAHAN:
- 2 cawan tepung naik sendiri
- 2 sudu teh Kayu Manis
- 6 sudu besar Gula
- ¾ cawan mentega tanpa garam
- 2 biji telur
- ¼ cawan Kopi Folgers yang dibancuh kuat
- ¼ cawan Susu
- ½ cawan kismis emas
- ½ cawan pecan cincang
- Tambahan susu dan gula untuk topping

ARAHAN:
a) Kacau bersama tepung, kayu manis, dan gula. Potong mentega ke dalam kepingan sudu dan campurkan ke dalam adunan kering.

b) Campurkan telur, kopi, dan susu. Kacau ke dalam adunan kering untuk membentuk doh yang lembut. Masukkan buah dan kacang. Terbalikkan ke atas papan yang ditaburkan tepung dan tepuk perlahan-lahan ke dalam bulatan doh kira-kira ½" tebal. Potong bulatan dengan pemotong biskut tepung dan letakkan di atas loyang yang telah digris.

c) Sapu bahagian atas dengan susu perlahan-lahan dan bakar dalam ketuhar yang telah dipanaskan 400 F. selama 12-15 minit atau sehingga perang keemasan. Hidangkan panas.

28. Matcha Green Tea Scones

BAHAN-BAHAN:
UNTUK SKONE MATCHA:
- 2 cawan tepung 1:1 bebas gluten dengan gusi xanthan
- 2 sudu teh serbuk penaik
- 2 sudu besar serbuk matcha
- ½ sudu teh garam
- 3 sudu besar minyak kelapa cair
- 5 sudu besar susu tumbuhan tanpa gula
- ⅓ cawan sirap maple tulen
- 1 sudu teh ekstrak vanila tulen atau ekstrak badam
- ⅓ cawan cip coklat putih vegan (pilihan)

UNTUK GLAZE:
- ½ cawan gula pengawet vegan
- 1-2 sudu besar susu tumbuhan tanpa gula atau air

ARAHAN:

MEMBUAT SKONE:

a) Panaskan ketuhar hingga 350 darjah Fahrenheit dan alaskan loyang besar dengan kertas parchment. Ketepikan.

b) Dalam mangkuk adunan yang besar, satukan tepung bebas gluten, serbuk penaik, serbuk matcha dan garam. Kacau sehingga sebati.

c) Masukkan minyak kelapa cair, susu tumbuhan, sirap maple, dan ekstrak vanila ke dalam mangkuk. Kacau sehingga terbentuk adunan yang pekat dan rapuh. Ia sepatutnya mempunyai tekstur pasir yang basah dan bergumpal. Jika suka, masukkan cip coklat putih.

d) Gunakan tangan anda yang bersih untuk membentuk adunan menjadi satu bola besar. Jika terlalu rapuh, masukkan 1-2 sudu besar susu tumbuhan sehingga ia cukup basah untuk membentuk bebola. Cuba jangan terlalu banyak membuat doh.

e) Letakkan bebola doh pada lembaran pembakar yang telah disediakan dan leperkannya ke dalam bulatan 8 inci menggunakan tangan atau pin penggelek.

f) Gunakan pisau untuk memotong bulatan doh kepada 8 segi tiga yang sama saiz (anggaplah ia seperti memotong piza atau pai). Jarakkan segi tiga 1-2 inci pada loyang.

g) Bakar scone selama 14-18 minit atau sehingga ia naik sedikit dan bahagian tepinya padat. Keluarkan mereka dari ketuhar dan biarkan ia sejuk selama 5 minit di atas loyang sebelum memindahkannya ke rak penyejuk.

MEMBUAT GLAZE:

h) Dalam mangkuk kecil hingga sederhana, gabungkan gula penganan vegan dengan 1 sudu besar susu tumbuhan. Laraskan konsistensi seperti yang diperlukan dengan menambah lebih banyak gula untuk ketebalan atau lebih susu untuk menjadikannya lebih nipis. Sayu hendaklah cukup nipis untuk meresap dari sudu tetapi tidak cair.

i) Setelah scone benar-benar sejuk, gunakan sudu untuk menyiram aising di bahagian atas scone. Nikmati!

29.Scones Teh Earl Grey

BAHAN-BAHAN:
UNTUK SKONE:
- 2 cawan tepung serba guna
- ¼ cawan gula pasir
- 1½ sudu teh baking soda
- ¼ sudu teh garam
- 6 uncang teh Earl Grey Tea (1 uncang teh bersamaan dengan 1 sudu teh)
- ½ cawan susu (boleh menggunakan separuh dan separuh, krim, atau susu mentega)
- 6 sudu besar mentega tanpa garam (sangat sejuk)
- 1 biji telur besar
- 1 sudu teh ekstrak vanila tulen

UNTUK SCONE GLAZE:
- 1 cawan gula tepung
- 2 sudu kecil susu (boleh guna krim)
- ½ sudu teh ekstrak vanila tulen
- 1 sudu besar lavender kering (pilihan)

ARAHAN:

BAGAIMANA MEMBUAT SKUN EARL GREY:

a) Panaskan ketuhar hingga 400°F.

b) Dalam mangkuk adunan besar, ukur tepung, gula, soda penaik, dan garam. Buka uncang Teh Earl Grey dan masukkan teh kering ke dalam adunan tepung. Gaul sebati hingga sebati.

c) Dalam mangkuk kecil, pukul bersama telur, susu, dan vanila.

d) Gunakan parut keju atau pisau pengupas untuk memotong mentega yang sangat sejuk ke dalam mangkuk tepung. Gunakan pemotong pastri atau dua pisau untuk memasukkan mentega ke dalam campuran tepung sehingga anda mencapai serbuk sebesar kacang.

e) Masukkan bahan basah ke dalam bahan kering dan gaul sehingga adunan dibasahkan, membentuk bebola doh.

f) Tuangkan doh ke atas permukaan bersih yang ditaburi tepung dan bentukkan menjadi bebola dengan tangan anda. Canaikan doh ke dalam bulatan 8 inci dengan pin canai kepada ketebalan kira-kira suku inci. Sebagai alternatif, anda boleh menggunakan tangan anda untuk membentuk doh menjadi bulatan.

g) Potong doh kepada 8 segi tiga menggunakan pisau tajam atau pengikis bangku dan pindahkan scone ke dalam loyang yang dialas kertas, meninggalkan ruang antara setiap bahagian.

h) Bakar selama kira-kira 15-20 minit atau sehingga bahagian tepi berwarna perang keemasan.

i) Benarkan skon berehat dan kemudian pindahkannya ke rak penyejuk. Walaupun ia masih sedikit hangat, anda boleh menghiasinya dengan sayu jika mahu.

BAGAIMANA MEMBUAT SCONE GLAZE:

j) Dalam mangkuk kecil, masukkan semua bahan glaze dan gaul sehingga rata. Siramkan sayu ke atas scone apabila ia telah sejuk.

k) Jika menggunakan lavender, anda boleh menambahnya pada glaze atau taburkannya di atas glaze.

30.Scones Kek Hari Lahir

BAHAN-BAHAN:
UNTUK SKONE:
- 2 cawan tepung serba guna
- ¼ cawan gula pasir
- 2 sudu teh serbuk penaik
- ½ sudu teh garam
- ½ cawan mentega tanpa garam, sejuk dan kiub
- ½ cawan buttermilk
- 1 sudu teh ekstrak vanila
- ¼ cawan taburan berwarna-warni

UNTUK GLAZE:
- 1 cawan gula tepung
- 2 sudu besar susu
- ½ sudu teh ekstrak vanila
- Taburan tambahan untuk hiasan (pilihan)

ARAHAN:

a) Panaskan ketuhar anda hingga 200°C (400°F) dan alaskan loyang dengan kertas parchment.

b) Dalam mangkuk adunan besar, pukul bersama tepung, gula pasir, serbuk penaik, dan garam.

c) Masukkan mentega kiub sejuk ke dalam bahan kering. Gunakan pemotong pastri atau jari anda untuk memotong mentega ke dalam adunan tepung sehingga ia menyerupai serbuk kasar.

d) Dalam mangkuk yang berasingan, pukul bersama buttermilk dan ekstrak vanila.

e) Tuangkan campuran buttermilk secara beransur-ansur ke dalam bahan kering, kacau sehingga sebati.

f) Lipat perlahan-lahan dalam taburan berwarna-warni, berhati-hati agar tidak terlalu bercampur dan kehilangan warna-warna cerah.

g) Pindahkan doh ke atas permukaan yang ditaburi sedikit tepung. Bentukkannya menjadi bulatan atau segi empat tepat, kira-kira 1 inci tebal.

h) Menggunakan pisau tajam atau pemotong pastri, potong doh menjadi baji atau segi empat sama, bergantung pada bentuk dan saiz pilihan anda.

i) Letakkan scone pada lembaran pembakar yang disediakan, tinggalkan sedikit ruang antara setiap scone.

j) Bakar scone dalam ketuhar yang telah dipanaskan selama kira-kira 15-20 minit, atau sehingga ia berwarna perang keemasan dan masak.

k) Semasa scone dibakar, sediakan sayu. Dalam mangkuk adunan, pukul bersama gula tepung, susu, dan ekstrak vanila sehingga licin dan berkrim.

l) Setelah scone selesai dibakar, keluarkannya dari ketuhar dan biarkan ia sejuk di atas rak dawai selama beberapa minit.

m) Siramkan sayu ke atas scone hangat, biarkan ia menitis ke bahagian tepi.

n) Pilihan: Taburkan taburan berwarna-warni tambahan di atas sayu untuk sentuhan perayaan tambahan.

o) Biarkan sayu ditetapkan selama beberapa minit sebelum menghidangkan scone kek hari jadi.

31. Scones Funfetti

BAHAN-BAHAN:
UNTUK SKONE:
- 1 ½ cawan tepung serba guna
- 1 ½ cawan tepung kek
- ½ cawan gula
- 1 sudu teh garam
- 1 sudu besar serbuk penaik
- 1 ½ sudu besar ekstrak vanila
- 1 ½ cawan krim pekat ditambah ¼ cawan untuk memberus skon
- ½ cawan taburan

UNTUK GLAZE:
- 1 cawan gula tepung
- 1 sudu teh ekstrak vanila
- ½ sudu teh ekstrak badam
- 4 sudu besar krim kental

ARAHAN:

a) Panaskan ketuhar anda hingga 425°F. Lapik loyang dengan kertas parchment dan ketepikan.

b) Dalam mangkuk besar, satukan tepung serba guna, tepung kek, gula, garam, serbuk penaik dan taburan. Kacau bahan kering sehingga sebati.

c) Masukkan krim kental dan ekstrak vanila ke dalam adunan kering. Kacau sehingga bahan sebati sepenuhnya. Jika adunan kelihatan terlalu kering, tambahkan sedikit krim. Jika terlalu basah, masukkan satu sudu tepung.

d) Setelah doh anda sebati, pindahkan ke permukaan yang ditaburi sedikit tepung. Gunakan tangan anda untuk menepuk doh menjadi segi empat tepat setebal ¾ inci.

e) Potong doh menjadi segi tiga, atau anda boleh menggunakan pemotong biskut untuk membentuk scone. Saya berjaya mengeluarkan kira-kira 20 segi tiga daripada doh.

f) Letakkan scone pada lembaran pembakar yang disediakan. Sapu bahagian atas scone dengan sedikit krim kental. Kemudian, masukkan loyang ke dalam peti sejuk selama 15 minit. Tempoh rehat ini membolehkan doh mengendur dan mengembang.

g) Bakar scone dalam ketuhar yang telah dipanaskan selama kira-kira 15 minit, atau sehingga tepi berwarna perang keemasan cantik dan scone masak sepenuhnya. Setelah selesai, keluarkannya dari ketuhar dan pindahkannya ke rak penyejuk. Biarkan mereka sejuk selama 10 minit.

h) Semasa scone menyejuk, sediakan sayu. Pukul gula tepung, ekstrak vanila, ekstrak badam, dan krim kental. Laraskan konsistensi seperti yang diperlukan: jika ia terlalu pekat, tambah lebih banyak krim, dan jika ia terlalu nipis, campurkan lebih banyak gula tepung.

i) Selesai dengan menyiram sayu di atas scone dan menambah taburan tambahan untuk sentuhan yang menarik. Nikmati Scones Funfetti anda!

32.Scones Kekasih Bentuk Hati

BAHAN-BAHAN:
UNTUK SKONE:
- 2 sudu besar air suam (tidak panas)
- 1 sudu besar yis kering aktif
- 1 sudu teh gula pasir
- 2 ¾ cawan tepung serba guna
- ¼ cawan gula
- 3 sudu teh serbuk penaik
- 1 sudu teh garam
- 1 cawan pemendekan sejuk
- ⅞ cawan susu penuh
- 1 sudu teh ekstrak vanila

UNTUK CUCI TELUR & TOPPING GULA:
- 1 biji putih telur
- 2 sudu besar air sejuk
- 2 sudu besar gula putih berkilauan atau gula hiasan merah jambu

ARAHAN:

a) Mulakan dengan memanaskan ketuhar anda hingga 375°F/191°C dan alaskan loyang dengan kertas parchment.

b) Dalam mangkuk kaca kecil, satukan air suam dengan yis kering aktif dan 1 sudu teh gula pasir. Biarkan campuran yis menjadi bukti selama kira-kira 10 minit atau sehingga ia membentuk span yang kira-kira empat kali ganda saiz campuran asal.

c) Dalam mangkuk besar, ayak bersama tepung serba guna, gula, serbuk penaik dan garam.

d) Potong pemendekan sejuk menjadi kiub kecil dan, menggunakan pengisar pastri atau garpu, masukkan pemendekan ke dalam adunan sehingga ia menyerupai serpihan dengan gumpalan pemendekan sebesar kacang besar. Berhati-hati untuk tidak terlalu banyak mengolah campuran; masih akan ada tompok bahan kering.

e) Buat perigi di tengah campuran serbuk dan masukkan semua susu, ekstrak vanila, dan campuran yis. Perlahan-lahan lipat adunan sehingga ia hampir tidak lembap dan membentuk doh. Mungkin masih terdapat serpihan besar tepung kering. Gunakan tumit tapak tangan anda untuk menekan ke bawah dan melintasi adunan beberapa kali sehingga ia bersatu.

f) Taburkan atau ayak kira-kira 2 sudu besar tepung ke atas permukaan kerja yang ditutup dengan parchment.

g) Bentukkan doh menjadi bebola licin dan letakkan di atas permukaan kerja yang telah disediakan.

h) Tepuk atau canai doh setinggi ¾". Gunakan gerakan atas dan bawah untuk memotong skon menggunakan pemotong berbentuk hati 2 ½". Celupkan pemotong dalam tepung di antara potongan untuk membantu dalam proses. Kumpulkan sebarang doh sekerap, perbaharuinya, dan potong lagi.

i) Susun skon pada lembaran pembakar berlapik kertas dengan jarak 2" antaranya.

j) Letakkan lembaran pembakar di tempat yang hangat dan biarkan scone mengembang selama 30 minit atau sehingga ketinggiannya hampir dua kali ganda, mencapai ketinggian kira-kira 1 ¼". Semasa scone naik, panaskan ketuhar hingga 375°F/191°C.

k) Pukul putih telur dan 2 sudu besar air sejuk sehingga berbuih dan sebati. Sapu bahagian atas scone dengan cucian pastri putih telur dan taburkannya dengan gula berkilauan.

l) Bakar scone selama 8 hingga 14 minit atau sehingga ia ditetapkan, dan tepinya berwarna perang sedikit. Kemudian, pindahkan scone dari loyang ke rak penyejuk.

33.Skon Telur Cadbury Creme

BAHAN-BAHAN:
- 8 biji Telur Cadbury Creme bersaiz biasa
- 3 ¼ cawan tepung serba guna
- ¼ cawan gula pasir
- ¼ cawan gula perang yang dibungkus
- 1 sudu besar ditambah 1 sudu teh serbuk penaik
- ¼ sudu teh kayu manis
- ¼ sudu teh garam
- 3 sudu besar mentega sejuk, dipotong dadu
- 2 cawan krim putar berat sejuk
- Gula mentah atau bukan bertema Easter (pilihan)

ARAHAN:

a) Mulakan dengan mengeluarkan pembungkus foil dari setiap Cadbury Creme Egg. Cincang kasar dengan pisau tajam, walaupun ia mungkin agak melekit. Pindahkan telur cincang ke dalam kuali atau pinggan beralas kertas atau kertas lilin dan tekankannya ke dalam lapisan yang sekata. Letakkan kuali di dalam peti sejuk selama 1-2 jam, atau sehingga telur cincang dan inti melekit menjadi padat.

b) Panaskan ketuhar anda hingga 375 darjah F. Lapikkan loyang dengan kertas minyak atau gunakan batu pembakar (tanpa sebarang pelapik) jika suka.

c) Dalam mangkuk adunan besar, pukul bersama tepung serba guna, gula pasir, gula perang, serbuk penaik, kayu manis dan garam. Potong mentega sejuk ke dalam adunan tepung menggunakan pemotong pastri atau dua pisau sehingga ia menyerupai serbuk kasar.

d) Keluarkan Telur Cadbury Creme dari peti sejuk dan pindahkan ke papan pemotong. Potong telur menjadi kepingan bersaiz dadu sekali lagi. Masukkan mereka ke dalam adunan tepung dan kacau hingga menyalut.

e) Tuangkan krim putar berat sejuk ke dalam mangkuk sekaligus, kemudian kacau perlahan-lahan dengan senduk kayu sehingga bahan-bahan itu dibasahkan sahaja. Balikkan doh ke atas permukaan yang ditaburkan sedikit tepung atau tikar pastri dan uli dengan lembut sehingga menjadi doh. Elakkan pencampuran berlebihan; doh sepatutnya mempunyai rupa yang sedikit retak dan kering.

f) Tepuk doh perlahan-lahan ke dalam papak setebal ¾ hingga 1 inci. Dengan menggunakan pemotong biskut 2 ½ hingga 3 ½ inci atau gelas bulat, potong doh menjadi bulat dan pindahkan ke dalam loyang atau batu, jarakkan 2 inci. Taburkan dengan gula mentah atau celup bahagian atas setiap pusingan ke dalam mangkuk nonpareils, jika dikehendaki.

g) Bakar selama 18 hingga 22 minit, atau sehingga scone bertukar warna keemasan yang indah. Hidangkan mereka hangat atau pada suhu bilik. Simpan apa-apa sisa dalam bekas kedap udara sehingga 3 hari.

h) Nikmati Cadbury Creme Egg Scones ini sebagai hidangan sarapan pagi yang menarik dan pelik yang sesuai untuk meraikan Paskah atau mana-mana hari anda mengidamkan sedikit kemanisan.

34. Scones Buah Markisa

BAHAN-BAHAN:
- 2 cawan tepung serba guna
- ⅓ cawan gula
- 1 sudu besar serbuk penaik
- ½ sudu teh garam
- ½ cawan mentega tanpa garam, disejukkan dan dipotong dadu
- ⅔ cawan pulpa buah markisa
- ½ cawan krim berat

ARAHAN:
a) Panaskan ketuhar hingga 400°F.
b) Dalam mangkuk adunan, satukan tepung, gula, serbuk penaik, dan garam.
c) Masukkan mentega sejuk dan gunakan pengisar pastri atau tangan anda untuk memotong mentega ke dalam bahan kering sehingga adunan hancur.
d) Masukkan pulpa markisa dan krim kental, kacau sehingga doh menjadi sebati.
e) Balikkan doh ke atas permukaan yang ditaburkan tepung dan tekapkan menjadi bulatan.
f) Potong doh kepada 8 bahagian
g) Letakkan scone pada lembaran pembakar yang dialas dengan kertas parchment.
h) Bakar selama 18-20 minit atau sehingga perang keemasan.
i) Hidangkan hangat dengan mentega dan pulpa buah markisa tambahan.

35. Scone Kelapa dan Nanas

BAHAN-BAHAN:
SKONE:
- 2 cawan Baking Mix
- 1 sudu kecil serbuk penaik
- ¼ cawan mentega tanpa garam, padat, potong kecil
- 2 auns krim keju
- ½ cawan kelapa jenis malaikat
- ½ cawan kacang macadamia, dicincang
- Gula Gantikan kepada ⅓ cawan gula yang sama
- ⅓ cawan Carb Countdown Minuman Tenusu
- 1 biji telur besar, dipukul
- 1 sudu teh ekstrak nanas
- 1 sudu besar krim kental untuk basting

KELAPA JENIS Bidadari:
- ½ cawan kelapa parut tanpa gula
- 1 ½ sudu besar. air mendidih
- Pengganti gula sama dengan 2 sudu teh. daripada gula

ARAHAN:

KELAPA JENIS Bidadari:

a) Letakkan kelapa dalam mangkuk kecil. Tuangkan air mendidih dan pemanis ke atasnya dan kacau sehingga kelapa betul-betul basah.

b) Letakkan kepingan plastik di atas mangkuk dan biarkan selama 15 minit.

SKONE:

c) Panaskan ketuhar hingga 400 darjah. Lapik loyang dengan kertas parchment.

d) Dalam mangkuk bersaiz sederhana, pukul satu sudu teh serbuk penaik ke dalam Baking Mix.

e) Potong mentega dan keju krim ke dalam Baking Mix sehingga adunan menyerupai serbuk kasar. Kacau dalam kelapa dan kacang macadamia.

f) Dalam mangkuk yang berasingan, campurkan susu, telur, pengganti gula, dan ekstrak nanas.

g) Masukkan adunan basah ke dalam adunan kering dan kacau hingga menjadi doh yang lembut (akan melekit).

h) Balikkan doh ke atas permukaan yang ditaburi sedikit dengan Baking Mix.

i) Perlahan-lahan canai doh untuk disalut. Uli perlahan 10 kali.

j) Tepuk doh ke dalam bulatan 7" pada lembaran pembakar beralas kertas. Jika doh terlalu melekit, tutup dengan sekeping bungkus plastik dan kemudian bentuk bulatan. Sapu bahagian atas dengan krim. Potong kepada 8 baji tetapi jangan berasingan.

k) Bakar selama 15 hingga 20 minit atau sehingga perang keemasan. Keluarkan dari ketuhar. Tunggu 5 minit, kemudian potong dengan teliti dan pisahkan baji di sepanjang garisan skor. Hidangkan hangat.

36. Scone Lemonade Merah Jambu

BAHAN-BAHAN:
- 1 cawan krim berat
- 1 cawan air limau
- 6 titis pewarna makanan merah jambu
- 3 cawan tepung naik sendiri
- 1 secubit garam
- jem, untuk dihidangkan
- krim, untuk berkhidmat

ARAHAN:
a) Panaskan ketuhar hingga 450°F
b) Letakkan semua bahan dalam mangkuk. Gaul rata hingga sebati.
c) Kikis pada permukaan yang ditaburkan tepung.
d) Uli perlahan-lahan dan bentukkan doh menjadi kira-kira 1" tebal.
e) Kemudian gunakan pemotong bulat untuk memotong scone.
f) Letakkan di atas kepingan biskut yang telah digris dan bahagian atas berus dengan sedikit susu.
g) Bakar selama 10-15 minit atau sehingga bahagian atas keperangan.
h) Hidangkan dengan jem dan krim.

37. Skon Cranberi Labu

BAHAN-BAHAN:
- 2 cawan Baking Mix
- 1 sudu besar mentega
- 2 paket Splenda
- ¾ cawan labu dalam tin, sejuk
- 1 biji telur, dipukul
- 1 sudu besar krim kental
- ½ cawan cranberi segar, dibelah dua

ARAHAN:
a) Panaskan ketuhar anda hingga 425°F (220°C).
b) Potong mentega ke dalam Baking Mix.
c) Masukkan Splenda (sesuaikan dengan rasa), labu dalam tin, telur yang dipukul, dan krim kental ke dalam campuran Baking Mix. Masukkan bahan-bahan dengan baik, tetapi jangan campurkan secara berlebihan.
d) Perlahan-lahan lipat dalam cranberry separuh.
e) Bentukkan doh menjadi 10 bebola dan letakkan di atas loyang yang telah disapu mentega. Tekan ke bawah perlahan-lahan pada setiap bola, licinkan tepi luar.
f) Jika dikehendaki, sapu bahagian atas scone dengan krim pekat tambahan.
g) Bakar di atas rak tengah ketuhar yang telah dipanaskan selama 10-15 minit atau sehingga skon berwarna perang keemasan.
h) Hidangkan scone hangat dengan mentega dan/atau krim putar.

BISKUT CHIP COKLAT

38. Kuki Pretzel dan Karamel

BAHAN-BAHAN:
- 1 paket campuran kek coklat (saiz biasa)
- 1/2 cawan mentega, cair
- 2 biji telur besar, suhu bilik
- 1 cawan pretzel kecil pecah, dibahagikan
- 1 cawan cip coklat separuh manis
- 2 sudu besar topping karamel masin

ARAHAN:

a) Panaskan ketuhar hingga 350°. Satukan campuran kek Mentega dan telur cair; pukul sehingga sebati. Kacau dalam 1/2 cawan pretzel, cip coklat, dan topping karamel.

b) Titiskan dengan sudu besar bulat 2 inci pada bahagian atas loyang yang telah digris. Ratakan sedikit dengan bahagian bawah gelas; tekan pretzel yang tinggal di bahagian atas setiap satu. Bakar 8-10 minit atau sehingga set.

c) Sejukkan di atas kuali selama 2 minit. Keluarkan ke rak dawai untuk menyejukkan sepenuhnya.

39. Granola dan Biskut Coklat

BAHAN-BAHAN:
- campuran kek coklat 18.25 auns
- ¾ cawan Mentega , dilembutkan
- ½ cawan gula perang yang dibungkus
- 2 biji telur
- 1 cawan granola
- 1 cawan cip coklat putih
- 1 cawan ceri kering

ARAHAN:

a) Panaskan ketuhar hingga 375°F.

b) Dalam mangkuk besar, satukan adunan kek, mentega , gula perang, dan telur dan pukul sehingga menjadi adunan.

c) Masukkan granola dan cip coklat putih. Titiskan sesudu teh pada jarak kira-kira 2 inci pada helaian kuki yang tidak digris.

d) Bakar selama 10–12 minit atau sehingga biskut berwarna perang keemasan sedikit di sekeliling tepi.

e) Sejukkan pada helaian biskut selama 3 minit, kemudian keluarkan ke rak dawai .

40. Biscoff Chocolate Chip Cookies

BAHAN-BAHAN:
- 1 cawan mentega tanpa garam, dilembutkan
- 1 cawan gula pasir
- 1 cawan gula perang
- 2 biji telur besar
- 1 sudu teh ekstrak vanila
- 3 cawan tepung serba guna
- 1 sudu teh baking soda
- ½ sudu teh garam
- 1 cawan taburan biscoff
- 1 ½ cawan cip coklat

ARAHAN:
a) Panaskan ketuhar hingga 350°F (175°C) dan alaskan loyang dengan kertas parchment.
b) Dalam mangkuk besar, pukul bersama mentega lembut, gula pasir, dan gula perang sehingga ringan dan gebu.
c) Pukul telur satu persatu, diikuti dengan ekstrak vanila.
d) Dalam mangkuk yang berasingan, pukul bersama tepung, soda penaik, dan garam.
e) Masukkan bahan kering secara beransur-ansur ke dalam adunan mentega, gaul sehingga sebati.
f) Kacau dalam taburan Biscoff sehingga sebati sepenuhnya.
g) Lipat dalam cip coklat.
h) Titiskan sudu besar doh yang dibulatkan ke atas loyang yang disediakan, jarakkannya kira-kira 2 inci.
i) Bakar selama 10-12 minit atau sehingga bahagian tepi berwarna perang keemasan.
j) Keluarkan dari ketuhar dan biarkan biskut sejuk di atas loyang selama beberapa minit sebelum memindahkannya ke rak dawai untuk menyejukkan sepenuhnya.

41. Kuki Black Forest

BAHAN-BAHAN:
- 2 ¼ cawan tepung serba guna
- ½ cawan serbuk koko proses Belanda
- ½ sudu teh serbuk penaik
- ½ sudu teh Baking soda
- 1 sudu teh Garam
- 1 cawan mentega tanpa garam dicairkan dan disejukkan
- ¾ cawan gula perang yang dibungkus terang atau gelap
- ¾ cawan gula pasir putih
- 1 sudu teh ekstrak vanila tulen
- 2 Telur besar pada suhu bilik
- 1 cawan cip coklat putih
- ½ cawan cip coklat separuh manis
- 1 cawan ceri segar Dicuci, diadu, dan dipotong menjadi empat

ARAHAN:

a) Cairkan mentega dalam ketuhar gelombang mikro dan biarkan ia sejuk selama 10-15 minit sehingga suhu bilik. Sediakan ceri dan potong kepada bahagian kecil.

b) 1 cawan mentega tanpa garam, 1 cawan ceri segar

c) Panaskan ketuhar hingga 350°F. Lapik dua helai biskut dengan kertas parchment. Mengetepikan.

d) Dalam mangkuk sederhana, campurkan tepung, serbuk koko, serbuk penaik, soda penaik, dan garam. Mengetepikan.

e) 2 ¼ cawan tepung serba guna, ½ cawan serbuk koko tanpa gula, ½ sudu teh serbuk penaik, ½ sudu teh baking soda, 1 sudu teh Garam

f) Dalam mangkuk besar, masukkan mentega cair, gula perang, gula, vanila, dan telur. Gunakan spatula getah untuk mengadun sehingga rata.

g) 1 cawan mentega tanpa garam, ¾ cawan gula perang, ¾ cawan gula pasir putih, 1 sudu teh ekstrak vanila tulen, 2 biji telur besar

h) Masukkan bahan kering dan gaul hingga sebati. Ia akan menjadi doh yang lembut. Masukkan cip coklat putih, cip coklat, dan ceri segar.

i) 1 cawan cip coklat putih, ½ cawan cip coklat separa manis, 1 cawan ceri segar

j) Gunakan senduk biskut besar (3oz senduk biskut) untuk mencedok doh. Letakkan 6 bebola doh biskut setiap helai biskut.

k) Bakar satu helai biskut pada satu masa. Bakar selama 13-15 minit. Semasa suam, taburkan dengan cip coklat tambahan dan cip coklat putih.

l) Biarkan biskut duduk di atas kuali panas selama 10 minit. Kemudian, pindahkan ke rak penyejuk untuk menyejukkan.

42. Kuki Truffle Coklat

BAHAN-BAHAN:
- 8 sudu besar (1 batang) mentega tanpa garam
- 8 auns coklat gelap (64% koko atau lebih tinggi), dicincang kasar
- ½ cawan tepung serba guna yang tidak diluntur atau tepung bebas gluten
- 2 sudu besar serbuk koko diproses Belanda (99% koko)
- ¼ sudu teh garam laut halus
- ¼ sudu teh baking soda
- 2 biji telur besar, pada suhu bilik
- ½ cawan gula
- 2 sudu teh ekstrak vanila
- 1 cawan cip coklat gelap (64% koko atau lebih tinggi)

ARAHAN:
a) Cairkan mentega dan coklat gelap dalam dandang berganda dengan api perlahan, kacau sekali-sekala sehingga cair sepenuhnya. Sejukkan sepenuhnya.
b) Satukan tepung, serbuk koko, garam, dan baking soda dalam mangkuk kecil. Mengetepikan.
c) Menggunakan pengadun elektrik, pukul telur dan gula dalam mangkuk besar pada kelajuan tinggi sehingga ringan dan gebu, kira-kira 2 minit. Masukkan vanila, kemudian masukkan coklat cair dan mentega dan pukul selama 1 hingga 2 minit, sehingga digabungkan.
d) Kikis bahagian tepi mangkuk dan, menggunakan spatula getah yang besar, kacau bahan kering sehingga sebati. Lipat dalam cip coklat. Tutup dengan bungkus plastik dan sejukkan sekurang-kurangnya 4 jam.
e) Letakkan rak di tengah ketuhar dan panaskan ketuhar hingga 325°F. Lapik loyang dengan kertas parchment.
f) Basahkan tangan anda dengan air dan gulungkan doh menjadi bebola 2 inci, letakkannya kira-kira 2 inci di atas loyang yang beralaskan. Bekerja dengan cepat, dan jika anda membakar biskut dalam kelompok, sejukkan doh yang tinggal di antara pusingan.
g) Bakar selama 12 hingga 13 minit, sehingga tepi telah naik sedikit dan bahagian tengah kebanyakannya ditetapkan. Keluarkan dari ketuhar dan biarkan sejuk di atas kuali selama sekurang-kurangnya 10 minit, kemudian pindahkan ke rak dan biarkan sejuk sepenuhnya.

UNTUK MENYELESAIKAN AISKRIM SANDWICH
h) Letakkan biskut pada kuali dan beku selama 1 jam. Lembutkan 1 liter aiskrim sehingga boleh dicedok. Saya suka menjadikannya ringkas dan menggunakan Ais Krim Manis , tetapi anda boleh menggunakan apa sahaja perisa yang anda mahukan.
i) Keluarkan kuki dari peti sejuk dan, bekerja dengan cepat, cedok 2 hingga 4 auns aiskrim ke atas kuki. Ratakan aiskrim dengan meletakkan biskut lain di atasnya. ulang.
j) Apabila anda selesai memasang semua sandwic, kembalikannya ke dalam peti sejuk selama sekurang-kurangnya 2 jam untuk mengeras.

43. Sandwic Coklat Berganda

BAHAN-BAHAN:
- 1 cawan tepung serba guna yang tidak dilunturkan
- 1/2 cawan koko pembakar tanpa gula, diayak
- 1/2 sudu teh baking soda
- 1/4 sudu teh garam
- 1/4 cawan cip coklat bukan tenusu, cair
- 1/2 cawan marjerin bukan tenusu, dilembutkan
- 1 cawan gula tebu sejat
- 1 sudu teh ekstrak vanila

ARAHAN:
a) Panaskan ketuhar hingga 325°F. Lapik dua helai baking dengan kertas parchment.

b) Dalam mangkuk sederhana, satukan tepung, serbuk koko, soda penaik, dan garam. Dalam mangkuk besar, dengan pengadun pegang tangan elektrik, krim bersama cip coklat cair, marjerin, gula dan vanila sehingga sebati. Masukkan bahan kering ke dalam basah secara berkelompok sehingga sebati sepenuhnya.

c) Cedok bebola kecil doh, kira-kira saiz guli besar (kira-kira 2 sudu teh) ke atas loyang yang disediakan kira-kira 2 inci jaraknya. Lumurkan sedikit bahagian belakang sudu dan tekan perlahan-lahan pada setiap kuki sehingga ia rata dan berukuran kira-kira 1-1/2 inci lebar. Bakar selama 12 minit, atau sehingga tepi ditetapkan. Jika anda membakar kedua-dua helaian pada masa yang sama, putar helaian separuh ke bawah.

d) Selepas dikeluarkan dari ketuhar, biarkan biskut sejuk di atas kuali selama 5 minit, kemudian pindahkan ke rak dawai. Biarkan biskut sejuk sepenuhnya. Simpan dalam bekas kedap udara

44. Biskut chip coklat

BAHAN-BAHAN:
- 2 ¼ cawan campuran bisquick
- ½ cawan gula pasir
- ½ cawan gula perang, dibungkus
- ½ cawan mentega tanpa garam, dilembutkan
- 1 sudu teh ekstrak vanila
- 1 biji telur
- 1 cawan cip coklat

ARAHAN:

a) Panaskan ketuhar hingga 375°F (190°C).

b) Dalam mangkuk adunan, satukan adunan Bisquick, gula pasir, gula perang, mentega lembut, ekstrak vanila dan telur. Gaul hingga sebati.

c) Masukkan coklat chip.

d) Titiskan sesudu kecil doh yang dibulatkan ke atas loyang yang tidak digris.

e) Bakar selama 8-10 minit atau sehingga biskut berwarna perang keemasan sedikit di sekeliling tepi.

f) Benarkan biskut coklat cip sejuk di atas loyang selama beberapa minit, kemudian pindahkannya ke rak dawai untuk menyejukkan sepenuhnya.

g) Hidangkan biskut dan nikmatilah!

45. Kuki Coklat Putih Matcha Tanpa Bakar

BAHAN-BAHAN:
- 2 cawan oat gulung
- 1 cawan cip coklat putih
- ½ cawan mentega badam
- ¼ cawan madu
- 1 sudu besar serbuk matcha
- 1 sudu teh ekstrak vanila

ARAHAN:

a) Dalam mangkuk adunan besar, satukan oat gulung dan serbuk matcha.

b) Dalam mangkuk yang selamat untuk ketuhar gelombang mikro, cairkan cip coklat putih dalam ketuhar gelombang mikro, kacau setiap 30 saat sehingga rata.

c) Masukkan mentega badam, madu, dan ekstrak vanila ke dalam coklat putih cair dan kacau sehingga sebati.

d) Tuangkan adunan basah ke atas oat dan matcha, dan gaul sehingga semua bahan bersalut rata.

e) Titiskan sesudu adunan ke atas loyang yang beralas dan ratakan sedikit.

f) Sejukkan selama kira-kira 1 jam atau sehingga ditetapkan.

46. Cadbury dan Hazelnut

BAHAN-BAHAN:
- 150g mentega tanpa garam, dilembutkan
- 150g gula kastor
- 1 biji telur besar
- 1 sudu kecil ekstrak vanila
- 225g tepung naik sendiri
- ½ sudu kecil serbuk penaik
- ¼ sudu kecil garam
- 100g cip coklat Cadbury
- 50g kacang hazel dicincang

ARAHAN:

a) Panaskan ketuhar kepada 180C/160C kipas/gas 4.

b) Lapik loyang dengan kertas parchment.

c) Dalam mangkuk adunan besar, pukul bersama mentega lembut dan gula kastor sehingga pucat dan berkrim.

d) Pukul dalam telur dan ekstrak vanila.

e) Ayak tepung naik sendiri, serbuk penaik, dan garam dan gaul sehingga sebati.

f) Masukkan cip coklat Cadbury dan kacang hazel yang dicincang.

g) Gulungkan adunan ke dalam bebola kecil dan letakkan di atas loyang yang disediakan, jarakkan dengan baik.

h) Bakar selama 12-15 minit, atau sehingga kekuningan sedikit dan baru set.

i) Biarkan sejuk di atas loyang selama 5 minit sebelum dipindahkan ke rak dawai untuk menyejukkan sepenuhnya.

47.Cake campur biskut

BAHAN-BAHAN:
- 1 pek Campuran Kek Coklat Jerman; puding disertakan
- 1 cawan Cip Coklat Separa Manis
- ½ cawan Rolled Oat
- ½ cawan kismis
- ½ cawan Minyak zaitun
- 2 Telur; dipukul sedikit

ARAHAN:
a) Panaskan ketuhar hingga 350 darjah.
b) Dalam mangkuk besar, satukan semua bahan; gaul sebati. Titiskan doh dengan satu sudu teh bulat dua inci pada helaian biskut yang tidak digris.
c) Bakar pada suhu 350 darjah selama 8-10 minit atau sehingga set. Sejukkan 1 minit; keluarkan dari helaian kuki.

48. Kuki Jerman

BAHAN-BAHAN:
- 1 kotak 18.25 auns campuran kek coklat Jerman
- 1 cawan cip coklat separuh manis
- 1 cawan oatmeal
- ½ cawan minyak zaitun
- 2 biji telur, dipukul sedikit
- ½ cawan kismis
- 1 sudu teh vanila

ARAHAN:
a) Panaskan ketuhar hingga 350°F.
b) Satukan semua bahan. Gaul rata menggunakan set pengadun elektrik pada kelajuan rendah. Jika serbuk tepung berkembang, tambahkan sedikit air.
c) Titiskan doh dengan sesudu ke atas kepingan biskut yang tidak digris.
d) Bakar selama 10 minit.
e) Sejukkan sepenuhnya sebelum mengangkat biskut dari helaian dan ke atas hidangan.

49. Cherry Cookies

BAHAN-BAHAN:
- 2 ¼ cawan tepung serba guna
- ½ cawan serbuk koko proses Belanda
- ½ sudu teh serbuk penaik
- ½ sudu teh Baking soda
- 1 sudu teh Garam
- 1 cawan mentega tanpa garam dicairkan dan disejukkan
- ¾ cawan gula perang yang dibungkus terang atau gelap
- ¾ cawan gula pasir putih
- 1 sudu teh ekstrak vanila tulen
- 2 Telur besar pada suhu bilik
- 1 cawan cip coklat putih
- ½ cawan cip coklat separuh manis
- 1 cawan ceri segar Dicuci, diadu, dan dipotong menjadi empat

ARAHAN:

m) Cairkan mentega dalam ketuhar gelombang mikro dan biarkan ia sejuk selama 10-15 minit sehingga suhu bilik. Sediakan ceri dan potong kepada bahagian kecil.

n) 1 cawan mentega tanpa garam,1 cawan ceri segar

o) Panaskan ketuhar hingga 350°F. Lapik dua helai biskut dengan kertas parchment. Mengetepikan.

p) Dalam mangkuk sederhana, campurkan tepung, serbuk koko, serbuk penaik, soda penaik, dan garam. Mengetepikan.

q) 2 ¼ cawan tepung serba guna,½ cawan serbuk koko tanpa gula,½ sudu teh serbuk penaik,½ sudu teh baking soda,1 sudu teh Garam

r) Dalam mangkuk besar, masukkan mentega cair, gula perang, gula, vanila, dan telur. Gunakan spatula getah untuk mengadun sehingga rata.

50.Speculoos

BAHAN-BAHAN:
- 2 cawan tepung serba guna
- ½ cawan mentega tanpa garam, dilembutkan
- ¾ cawan gula perang
- 1 sudu teh kayu manis tanah
- ½ sudu teh pala tanah
- ½ sudu teh halia kisar
- ¼ sudu teh bunga cengkih kisar
- ¼ sudu teh buah pelaga yang dikisar
- ¼ sudu teh garam
- 1 biji telur besar

ARAHAN:

a) Dalam mangkuk adunan, pukul bersama tepung, kayu manis yang dikisar, buah pala, halia, bunga cengkih, buah pelaga dan garam. Mengetepikan.

b) Dalam mangkuk yang berasingan, pukul bersama mentega lembut dan gula perang sehingga ringan dan gebu.

c) Pukul telur hingga sebati.

d) Masukkan campuran bahan kering secara beransur-ansur ke dalam adunan mentega.

e) Gaul hingga adunan sebati.

f) Jika doh kelihatan terlalu kering, anda boleh menambah satu sudu susu untuk membantu mengikatnya.

g) Bentukkan doh ke dalam cakera dan bungkus dalam bungkus plastik. Sejukkan doh sekurang-kurangnya 1 jam, atau sehingga pejal.

h) Panaskan ketuhar anda hingga 350°F (175°C). Lapik loyang dengan kertas parchment.

i) Di atas permukaan yang ditaburi sedikit tepung, canai doh yang telah disejukkan pada ketebalan kira-kira ¼ inci.

j) Gunakan pemotong biskut untuk memotong bentuk yang diingini daripada doh. Secara tradisinya, kuki Speculoos berbentuk seperti kincir angin, tetapi anda boleh menggunakan sebarang bentuk yang anda suka.

k) Letakkan kuki yang telah dipotong pada lembaran pembakar yang disediakan, tinggalkan sedikit ruang antara setiap kuki.

l) Bakar biskut dalam ketuhar yang telah dipanaskan selama kira-kira 10-12 minit, atau sehingga ia sedikit keemasan di sekeliling tepi.

m) Keluarkan biskut dari ketuhar dan biarkan ia sejuk di atas rak dawai.

n) Setelah sejuk sepenuhnya, kuki Speculoos sedia untuk dinikmati. Mereka boleh disimpan dalam bekas kedap udara selama beberapa hari.

o) 1 cawan mentega tanpa garam, ¾ cawan gula perang, ¾ cawan gula pasir putih, 1 sudu teh ekstrak vanila tulen, 2 biji telur besar

p) Masukkan bahan kering dan gaul hingga sebati. Ia akan menjadi doh yang lembut. Masukkan cip coklat putih, cip coklat, dan ceri segar.

q) 1 cawan cip coklat putih, ½ cawan cip coklat separa manis, 1 cawan ceri segar

r) Gunakan sudu biskut besar (sudu biskut 3 auns) untuk mencedok doh. Letakkan 6 bola doh biskut setiap helai biskut.

s) Bakar satu helai biskut pada satu masa. Bakar selama 13-15 minit. Semasa suam, taburkan dengan cip coklat tambahan dan cip coklat putih.

t) Biarkan biskut duduk di atas kuali panas selama 10 minit. Kemudian, pindahkan ke rak penyejuk untuk menyejukkan.

51. Biskut Coklat Cip Emping Jagung

BAHAN-BAHAN:
- 1 cawan mentega tanpa garam, dilembutkan
- 1 cawan gula pasir
- 1 cawan gula perang yang dibungkus
- 2 biji telur besar
- 1 sudu teh ekstrak vanila
- 2 cawan tepung serba guna
- 1 sudu teh baking soda
- ½ sudu teh garam
- 2 cawan cip coklat
- 2 cawan cornflakes yang ditumbuk

ARAHAN:

a) Panaskan ketuhar anda hingga 350°F (175°C). Alas lembaran pembakar dengan kertas parchment.

b) Dalam mangkuk adunan yang besar, pukul mentega lembut, gula pasir dan gula perang sehingga ringan dan gebu.

c) Masukkan telur satu persatu, pukul sebati selepas setiap penambahan. Masukkan ekstrak vanila.

d) Dalam mangkuk yang berasingan, pukul bersama tepung, soda penaik, dan garam. Masukkan sedikit demi sedikit bahan kering ke dalam bahan basah dan gaul sehingga sebati.

e) Masukkan coklat chip dan cornflakes yang telah dihancurkan.

f) Titiskan sudu besar doh yang dibulatkan ke atas loyang yang disediakan, jarakkannya.

g) Bakar selama 10-12 minit atau sehingga perang keemasan di sekeliling tepi.

h) Benarkan kuki sejuk di atas loyang selama beberapa minit sebelum memindahkannya ke rak dawai untuk menyejukkan sepenuhnya.

52. Biskut Cappucino Coklat Putih

BAHAN-BAHAN:
- 1 cawan mentega tanpa garam, dilembutkan
- 1 cawan gula pasir
- 2 biji telur besar
- 2 sudu kecil butiran kopi segera
- 2 sudu teh ekstrak vanila
- 2 ½ cawan tepung serba guna
- ½ cawan serbuk koko
- 1 sudu teh baking soda
- ½ sudu teh garam
- 1 cawan cip coklat putih

ARAHAN:

a) Panaskan ketuhar anda hingga 350°F (175°C) dan alaskan loyang dengan kertas parchment.

b) Dalam mangkuk adunan besar, pukul mentega lembut dan gula pasir sehingga ia ringan dan gebu.

c) Masukkan telur satu persatu, gaul rata selepas setiap penambahan.

d) Larutkan butiran kopi segera dalam sedikit air panas. Masukkan campuran kopi ini dan ekstrak vanila ke dalam bahan basah. Gaul hingga sebati.

e) Dalam mangkuk yang berasingan, pukul bersama tepung, serbuk koko, soda penaik dan garam.

f) Masukkan sedikit demi sedikit bahan kering ke dalam bahan basah, gaul sehingga menjadi doh.

g) Masukkan cip coklat putih hingga sekata ke seluruh adunan.

h) Dengan menggunakan sudu atau sudu biskut, titiskan sudu besar doh yang dibulatkan ke atas loyang yang disediakan, jarakkannya kira-kira 2 inci.

i) Ratakan sedikit setiap biskut dengan belakang sudu atau jari anda.

j) Bakar dalam ketuhar yang telah dipanaskan selama 10-12 minit atau sehingga tepi ditetapkan dan bahagian tengahnya masih lembut sedikit. Berhati-hati agar tidak terlalu masak.

k) Keluarkan kuki dari ketuhar dan biarkan ia sejuk di atas loyang selama beberapa minit sebelum memindahkannya ke rak dawai untuk menyejukkan sepenuhnya.

l) Setelah sejuk, nikmatilah Kuki Cappuccino Coklat Putih yang lazat ini dengan secawan kopi atau cappuccino!

53. Snickers Bar Stuffed Chocolate Chip Cookies

BAHAN-BAHAN:
- 2 ½ cawan tepung serba guna
- 1 sudu teh baking soda
- ½ sudu teh garam
- 1 cawan mentega tanpa garam, dilembutkan
- 1 cawan gula pasir
- 1 cawan gula perang yang dibungkus
- 2 biji telur besar
- 1 sudu teh ekstrak vanila
- 1 ½ cawan cip coklat
- 1 cawan bar Snickers yang dicincang

ARAHAN:
a) Panaskan ketuhar anda hingga 375°F (190°C) dan alaskan loyang dengan kertas parchment.
b) Dalam mangkuk, pukul bersama tepung, soda penaik, dan garam.
c) Dalam mangkuk yang berasingan, pukul mentega lembut, gula pasir, dan gula perang sehingga ringan dan gebu.
d) Pukul telur dan ekstrak vanila sehingga sebati.
e) Masukkan sedikit demi sedikit bahan kering ke dalam bahan basah dan gaul sehingga sebati.
f) Masukkan cip coklat dan bar Snickers yang dicincang.
g) Ambil kira-kira 2 sudu besar doh dan ratakan di tangan anda. Letakkan sekeping kecil bar Snickers di tengah dan lipat doh di sekelilingnya untuk membentuk bola.
h) Letakkan bebola doh biskut ke atas loyang yang disediakan, jarakkannya.
i) Bakar selama 10-12 minit atau sehingga perang keemasan di sekeliling tepi.
j) Biarkan kuki sejuk di atas loyang selama beberapa minit, kemudian pindahkan ke rak dawai untuk menyejukkan sepenuhnya.

BROWNIES

54. Banana Fudge Walnut Brownies

BAHAN-BAHAN:
- 1 cawan mentega tanpa garam
- 2 cawan gula pasir
- 4 biji telur besar
- 1 sudu teh ekstrak vanila
- 1 cawan tepung serba guna
- ½ cawan serbuk koko tanpa gula
- ¼ sudu teh garam
- 1 cawan pisang masak yang dilecek (kira-kira 2 pisang sederhana)
- 1 cawan walnut cincang
- 1 cawan cip coklat separuh manis

ARAHAN:
a) Panaskan ketuhar anda hingga 350°F dan griskan loyang 9x13 inci.
b) Dalam mangkuk selamat gelombang mikro, cairkan mentega. Masukkan gula dan kacau hingga sebati.
c) Pukul telur dan ekstrak vanila sehingga adunan sebati.
d) Dalam mangkuk yang berasingan, pukul bersama tepung, serbuk koko dan garam. Masukkan campuran kering ini secara beransur-ansur ke dalam adunan basah, kacau sehingga sebati.
e) Masukkan pisang lecek, kenari cincang dan cip coklat.
f) Tuangkan adunan ke dalam loyang yang telah disediakan dan ratakan.
g) Bakar selama kira-kira 25-30 minit atau sehingga pencungkil gigi yang dimasukkan ke tengah keluar dengan sedikit serbuk lembap.
h) Biarkan brownies sejuk sepenuhnya sebelum dipotong menjadi empat segi.

55. Brownies Fudge yang pahit manis

BAHAN-BAHAN:
- 1 cawan mentega tanpa garam
- 8 auns coklat pahit manis, dicincang
- 1 ¾ cawan gula pasir
- 4 biji telur besar
- 2 sudu teh ekstrak vanila
- 1 cawan tepung serba guna
- ¼ cawan serbuk koko tanpa gula
- ¼ sudu teh garam
- 1 cawan cip coklat separuh manis

ARAHAN:

a) Panaskan ketuhar anda hingga 350°F dan griskan loyang 9x13 inci.

b) Dalam mangkuk selamat gelombang mikro, cairkan mentega dan coklat pahit manis bersama-sama, kacau sehingga rata.

c) Masukkan gula hingga sebati.

d) Pukul telur, satu demi satu, sehingga adunan sebati. Masukkan ekstrak vanila.

e) Dalam mangkuk yang berasingan, pukul bersama tepung, serbuk koko dan garam. Masukkan campuran kering ini secara beransur-ansur ke dalam adunan basah, kacau sehingga sebati.

f) Masukkan cip coklat separuh manis.

g) Tuangkan adunan ke dalam loyang yang telah disediakan dan ratakan.

h) Bakar selama kira-kira 25-30 minit atau sehingga pencungkil gigi yang dimasukkan ke tengah keluar dengan sedikit serbuk lembap.

i) Biarkan brownies sejuk sepenuhnya sebelum dipotong menjadi empat segi.

56. Brownies Fudgy Karamel Masin

BAHAN-BAHAN:
- 1 cawan mentega tanpa garam
- 2 cawan gula pasir
- 4 biji telur besar
- 1 sudu teh ekstrak vanila
- ¾ cawan serbuk koko
- 1 cawan tepung serba guna
- ½ sudu teh garam
- ½ cawan sos karamel
- Garam laut, untuk taburan

ARAHAN:
a) Panaskan ketuhar anda hingga 350°F dan griskan loyang.
b) Dalam mangkuk selamat gelombang mikro, cairkan mentega.
c) Dalam mangkuk adunan, satukan mentega cair dan gula pasir sehingga sebati.
d) Pukul telur satu persatu, kemudian masukkan esen vanila.
e) Dalam mangkuk yang berasingan, pukul bersama serbuk koko, tepung, dan garam.
f) Masukkan bahan kering secara beransur-ansur ke dalam adunan basah, kacau sehingga sebati.
g) Tuang separuh adunan brownies ke dalam loyang yang telah disediakan dan ratakan.
h) Lumurkan separuh sos karamel ke atas adunan.
i) Tuangkan baki adunan brownies di atas dan ratakan, kemudian renjiskan baki sos karamel.
j) Gunakan pisau untuk memusingkan sos karamel ke dalam adunan untuk kesan marmar.
k) Taburkan garam laut di atasnya.
l) Bakar selama 25-30 minit atau sehingga pencungkil gigi yang dimasukkan ke tengah keluar dengan sedikit serbuk lembap.
m) Biarkan brownies sejuk sepenuhnya sebelum dipotong menjadi empat segi.

57.Brownies Walnut Chocolate Fudge

BAHAN-BAHAN:
- 1 cawan mentega tanpa garam
- 2 cawan gula pasir
- 4 biji telur besar
- 1 sudu teh ekstrak vanila
- 1 cawan tepung serba guna
- ¾ cawan serbuk koko
- ½ sudu teh garam
- 1 cawan walnut cincang

ARAHAN:
a) Panaskan ketuhar anda hingga 350°F dan griskan loyang.
b) Dalam mangkuk selamat gelombang mikro, cairkan mentega.
c) Dalam mangkuk adunan, satukan mentega cair dan gula pasir sehingga sebati.
d) Pukul telur satu persatu, kemudian masukkan esen vanila.
e) Dalam mangkuk yang berasingan, pukul bersama tepung, serbuk koko dan garam.
f) Masukkan bahan kering secara beransur-ansur ke dalam adunan basah, kacau sehingga sebati.
g) Masukkan kacang kenari yang telah dicincang.
h) Tuangkan adunan brownies ke dalam loyang yang telah disediakan dan ratakan.
i) Bakar selama 25-30 minit atau sehingga pencungkil gigi yang dimasukkan ke tengah keluar dengan sedikit serbuk lembap.
j) Biarkan brownies sejuk sepenuhnya sebelum dipotong menjadi empat segi.

58. Brownies Fudge Raspberry

BAHAN-BAHAN:
- 1 cawan mentega tanpa garam
- 2 cawan gula pasir
- 4 biji telur besar
- 1 sudu teh ekstrak vanila
- ¾ cawan serbuk koko
- 1 cawan tepung serba guna
- ½ sudu teh garam
- ½ cawan raspberi segar

ARAHAN:
a) Panaskan ketuhar anda hingga 350°F dan griskan loyang.
b) Dalam mangkuk selamat gelombang mikro, cairkan mentega.
c) Dalam mangkuk adunan, satukan mentega cair dan gula pasir sehingga sebati.
d) Pukul telur satu persatu, kemudian masukkan esen vanila.
e) Dalam mangkuk yang berasingan, pukul bersama serbuk koko, tepung, dan garam.
f) Masukkan bahan kering secara beransur-ansur ke dalam adunan basah, kacau sehingga sebati.
g) Perlahan-lahan lipat dalam raspberi segar.
h) Tuangkan adunan brownies ke dalam loyang yang telah disediakan dan ratakan.
i) Bakar selama 25-30 minit atau sehingga pencungkil gigi yang dimasukkan ke tengah keluar dengan sedikit serbuk lembap.
j) Biarkan brownies sejuk sepenuhnya sebelum dipotong menjadi empat segi.

59. Espresso Fudge Brownies

BAHAN-BAHAN:
- 1 cawan mentega tanpa garam
- 2 cawan gula pasir
- 4 biji telur besar
- 1 sudu teh ekstrak vanila
- ¾ cawan serbuk koko
- 1 cawan tepung serba guna
- ½ sudu teh garam
- 2 sudu besar serbuk espresso segera

ARAHAN:

a) Panaskan ketuhar anda hingga 350°F dan griskan loyang.

b) Dalam mangkuk selamat gelombang mikro, cairkan mentega.

c) Dalam mangkuk adunan, satukan mentega cair dan gula pasir sehingga sebati.

d) Pukul telur satu persatu, kemudian masukkan esen vanila.

e) Dalam mangkuk yang berasingan, pukul bersama serbuk koko, tepung, garam dan serbuk espresso segera.

f) Masukkan bahan kering secara beransur-ansur ke dalam adunan basah, kacau sehingga sebati.

g) Tuangkan adunan brownies ke dalam loyang yang telah disediakan dan ratakan.

h) Bakar selama 25-30 minit atau sehingga pencungkil gigi yang dimasukkan ke tengah keluar dengan sedikit serbuk lembap.

i) Biarkan brownies sejuk sepenuhnya sebelum dipotong menjadi empat segi.

60. Brownies Red Velvet Fudge

BAHAN-BAHAN:
- 1 cawan mentega tanpa garam, cair
- 2 cawan gula pasir
- 4 biji telur besar
- 2 sudu teh ekstrak vanila
- 2 sudu besar pewarna makanan merah
- 1 ½ cawan tepung serba guna
- ¼ cawan serbuk koko tanpa gula
- ¼ sudu teh garam
- 1 cawan cip coklat separuh manis
- ½ cawan walnut atau pecan yang dicincang (pilihan)

CREAM CHEESE SWIRL:
- 8 auns keju krim, dilembutkan
- ¼ cawan gula pasir
- 1 biji telur besar
- ½ sudu teh ekstrak vanila

ARAHAN:

a) Panaskan ketuhar anda hingga 350°F dan griskan loyang 9x13 inci.

b) Dalam mangkuk adunan besar, satukan mentega cair dan gula pasir, dan gaul sehingga sebati.

c) Masukkan telur satu persatu, gaul rata selepas setiap penambahan. Kemudian, masukkan ekstrak vanila dan pewarna makanan merah kacau sehingga sebati.

d) Dalam mangkuk yang berasingan, pukul bersama tepung, serbuk koko dan garam. Masukkan bahan kering sedikit demi sedikit ke dalam bahan basah, gaul sehingga sebati. Berhati-hati agar tidak terlalu bercampur.

e) Masukkan cip coklat dan kacang cincang (jika guna) ke dalam adunan.

f) Dalam mangkuk kecil, sediakan putaran keju krim dengan pukul bersama keju krim lembut, gula pasir, telur, dan ekstrak vanila sehingga halus.

g) Tuangkan kira-kira dua pertiga daripada adunan brownies ke dalam loyang yang telah digris dan ratakan.

h) Titiskan sesudu adunan cream cheese swirl di atas adunan brownies. Gunakan pisau atau pencungkil gigi untuk memutar perlahan-lahan keju krim ke dalam adunan.

i) Tuangkan baki adunan brownies ke atas pusaran keju krim dan ratakan hingga menutup.

j) Bakar dalam ketuhar yang telah dipanaskan selama kira-kira 30-35 minit, atau sehingga pencungkil gigi yang dimasukkan ke tengah keluar dengan sedikit serbuk lembap. Elakkan memasak terlebih dahulu untuk mengekalkan brownies fudgy.

k) Keluarkan brownies dari ketuhar dan biarkan ia sejuk sepenuhnya di dalam loyang.

l) Setelah sejuk, potong empat segi dan hidangkan.

SANDWICH BAGEL

61. Avokado Bagel Sandwic

BAHAN-BAHAN:
- Keju krim
- ¼ cawan krim kelapa
- 2 sudu besar jus lemon
- 1 cawan gajus mentah, direndam
- 1 sudu kecil serbuk bawang
- 2 sudu teh cuka putih
- 3 daun bawang, dicincang
- ¼ sudu kecil garam
- Sandwic bagel
- 1 bagel berasaskan tumbuhan
- ⅓ alpukat, dikupas, diadu dan tumbuk
- ⅓ timun sederhana dikupas dan dihiris
- 2 sudu besar keju krim daun bawang tanpa tenusu
- ¼ cawan bayam mentah

ARAHAN:
a) Jika anda tidak merendam gajus anda dengan segera, beri mereka rendam segera dengan meletakkannya dalam periuk air mendidih, matikan api, dan rendam selama 30 minit.
b) Basuh gajus hingga bersih dan toskan.
c) Campurkan gajus, krim kelapa, cuka putih, jus lemon, garam, serbuk bawang, dan daun bawang dalam pemproses makanan.
d) Proses selama sekurang-kurangnya 30 saat dan kacau campuran selama 1 hingga 3 minit, atau sehingga ia licin.
e) Bakar bagel dan sapukan keju krim bebas tenusu pada kedua-dua belah.
f) Di satu sisi, lapiskan timun, kemudian tutup dengan alpukat yang telah dilenyek.
g) Letakkan bayam di atas alpukat, diikuti dengan separuh lagi bagel.

62. Sandwic bagel ayam belanda salai

BAHAN-BAHAN:
- 2 keping Payudara Turki Salai
- 2 keping Tomato Atau Cincin Lada Loceng Hijau
- 1 keping Keju Cheddar
- 1 Bagel Berperisa
- Kertas Lilin Cut-rite

ARAHAN:
a) Lapiskan dada ayam belanda, tomato atau lada hijau, dan keju pada bahagian bawah bagel.
b) Letakkan bahagian atas pada bagel dan potong sandwic separuh.
c) Letakkan bahagian sandwic di tengah-tengah helaian kertas lilin.
d) Untuk membalut, rapatkan sisi bertentangan kertas lilin dan lipat ke bawah dalam lipatan ketat. Lipat hujung kertas lilin di bawah sandwic.
e) Untuk memanaskan, ketuhar gelombang mikro pada HIGH sehingga sandwic panas, 30 saat hingga 1 minit.

63.Sarapan pagi Bagel dengan mikrohijau pedas

BAHAN-BAHAN:
- satu segar Bagel
- A sebar daripada hijau mikro pesto
- A beberapa deli hirisan daripada ayam belanda, ham, ayam
- A segenggam daripada mikrohijau campuran pedas
- A pasangan daripada hirisan daripada keju
- A beberapa kepingan daripada selada

LAIN TOPIS:
- Avokado
- merah Bawang besar
- tomato

ARAHAN:

a) Dapatkan awak bagel keluar, hirisan ia dalam separuh, dan roti bakar ia. biarlah ia sejuk turun.

b) Dapatkan keluar awak sebar daripada pilihan dan tempat ia pada kedua-duanya sisi daripada yang bagel.

c) Letak awak vegan deli daging pada yang bawah.

d) Lapisan beberapa mikrohijau.

e) Seimbang awak vegan keju pada atas daripada ini.

f) Seterusnya datang sebagai banyak selada sebagai graviti membenarkan.

g) Kemudian topi ia dimatikan dengan yang atas daripada yang bagel dan nikmatilah!

64. Sandwich Telur Bagel Pantas

BAHAN-BAHAN:
- ¼ cawan bawang besar dicincang halus
- 1 sudu besar mentega
- 4 biji telur
- ¼ cawan tomato cincang
- ⅛ sudu teh garam
- ⅛ sudu teh sos lada panas
- 4 keping Jones Canadian Bacon
- 4 bagel kosong, belah
- 4 keping keju Amerika yang diproses

ARAHAN:

a) Tumis bawang dalam kuali besar dengan mentega hingga lembut. Kisar sos lada, garam, tomato, dan telur. Pindahkan adunan telur ke dalam kuali. (Campuran hendaklah diletakkan di tepi serta-merta.)

b) Semasa telur ditetapkan, biarkan bahagian yang belum dimasak mengalir di bawahnya dengan menolak tepi yang dimasak ke arah tengah. Masak sehingga telur masak. Sementara itu, bacon gelombang mikro dan jika dikehendaki, roti bakar bagel.

c) Lapiskan keju di atas bahagian bawah bagel. Potong telur dadar menjadi empat bahagian.

d) Hidangkan dengan bacon pada bagel.

65. dihisap ikan salmon bagel mini bar

BAHAN-BAHAN:
- ¼ cawan ⅓-kurang lemak keju krim, pada suhu bilik
- 1 biji bawang hijau, hiris nipis
- 1 sudu besar dill segar yang dicincang
- 1 sudu teh parutan kulit limau
- ¼ sudu teh serbuk bawang putih
- 4 bagel mini gandum
- 8 auns salmon salai
- ½ cawan timun Inggeris yang dihiris nipis
- ½ cawan bawang merah yang dihiris nipis
- 2 biji tomato plum, dihiris nipis
- 4 sudu teh caper, toskan dan bilas

ARAHAN:
a) Dalam mangkuk kecil, satukan keju krim, bawang hijau, dill, kulit lemon dan serbuk bawang putih.

b) Letakkan campuran keju, bagel, salmon, timun, bawang, tomato, dan caper ke dalam bekas penyediaan makanan dan tambah hirisan lemon, jika dikehendaki. Ini disimpan di dalam peti sejuk sehingga 2 hari.

66.Hitam Hutan Bagel

BAHAN-BAHAN:
- 1 semuanya bagel
- 2 sudu besar keju krim
- ½ cawan ceri gelap yang diadu dan dicincang
- ¼ cawan cip coklat mini

ARAHAN:
a) Bakar semua bagel mengikut citarasa anda.
b) Sapukan krim keju ke atas bagel dan atas dengan ceri cincang dan cip coklat mini.

67. Bagel atas udang

BAHAN-BAHAN:
- 2 biji bawang hijau
- 4 auns tin udang kecil
- ¼ cawan krim masam
- 2 sudu teh jus lemon
- ¼ sudu teh sos Worcestershire
- ¾ cawan Cheddar yang dicincang
- 10 Bagel mini, belah & bakar

ARAHAN:
a) Hiris bawang, simpan bahagian atas hijau yang dihiris. Satukan udang, krim masam, hirisan bawang putih, jus lemon, Worcestershire, dan ½ c. keju.

b) Sapukan satu sudu teh bulat campuran udang pada bahagian potong setiap bagel.

c) Taburkan baki keju di atasnya. Susun bagel di atas loyang yang telah digris sedikit. Bakar, tanpa penutup, dalam ketuhar 400 darjah selama 5-10 minit, atau sehingga dipanaskan. Teratas dengan bawang hijau.

68. Daging ketam kembung dan telur pada bagel

BAHAN-BAHAN:
- Semburan masak nonstick
- ½ sudu teh Mentega
- 2½ sudu besar Bawang hijau dikisar
- 1 sudu besar lada benggala hijau dikisar
- 1½ sudu besar tomato cincang
- 1 tin daging ketam (6 auns), toskan
- 1 Bagel
- 1 putih telur
- ½ cawan pengganti telur tanpa lemak (bersamaan dengan 2 biji telur)
- Garam dan lada

ARAHAN:

a) Sembur kuali kecil dengan semburan masak nonstick. Masukkan mentega dan cairkan dengan api sederhana.

b) Masukkan 2 sudu besar bawang hijau, lada benggala, dan 1 sudu besar tomato, kemudian tumis sehingga lembut, 2 hingga 3 minit.

c) Masukkan daging ketam dan tumis sehingga panas, kira-kira 1 minit. Potong bagel separuh dan mulakan membakarnya.

d) Pukul putih telur sehingga kaku tetapi tidak kering. Lipat pengganti telur ke dalam putih telur yang telah dipukul sehingga sebati.

e) Perasakan sedikit garam dan lada sulah secukup rasa. Tuang adunan telur ke atas adunan ketam dalam kuali.

f) Masak dan kacau seperti telur hancur, kacau perlahan-lahan sehingga telur ditetapkan.

g) Keluarkan bagel dari pembakar roti dan sudukan telur di atas bahagian bagel.

h) Taburkan dengan baki ½ sudu teh tomato cincang dan bawang hijau untuk hiasan.

69. Avocado dan Bacon Bagel

BAHAN-BAHAN:
- 1 bagel kosong
- 2 keping bacon, dimasak dan dicincang
- 1 buah avocado, tumbuk
- ¼ cawan cilantro segar yang dicincang
- 1 sudu besar jus limau nipis
- Garam dan lada, secukup rasa

ARAHAN:
a) Panaskan ketuhar hingga 350°F (175°C).
b) Potong bagel menjadi dua dan kosongkan bahagian tengah setiap separuh, meninggalkan sempadan tebal di sekeliling tepi.
c) Dalam mangkuk kecil, campurkan alpukat tumbuk, ketumbar cincang, jus limau nipis, garam dan lada sulah sehingga sebati.
d) Sapukan campuran alpukat secara merata ke dalam bahagian bagel yang berlobang.
e) Taburkan daging cincang di atas alpukat.
f) Letakkan bahagian bagel yang disumbat pada lembaran pembakar dan bakar dalam ketuhar yang telah dipanaskan selama 10-12 minit atau sehingga dipanaskan.

CAMPURAN KACANG DAN BIJI

70. Campuran Furikake Chex

BAHAN-BAHAN:
- 1 kotak Chex Gandum
- 1 kotak Jagung Chex
- 1 kotak bijirin sarang lebah
- 1 beg (sebarang saiz) Fritos
- 1 beg (sebarang saiz) Bugles
- 1 beg (sebarang saiz dan bentuk) pretzel
- 1 cawan mentega
- ½ cawan Sirap Karo (atau madu)
- ⅔ cawan gula
- ⅔ cawan minyak sayuran
- 2 sudu besar kicap
- 1 botol Nori Goma Furikake

ARAHAN:

a) Panaskan ketuhar hingga 250F.

b) Dalam dua kuali besar, bahagikan Chex Gandum (atau Beras), Chex Jagung, bijirin Honeycomb, Bugles, Fritos dan Pretzel, sama rata antara kedua-dua kuali. Mengetepikan.

c) Sekarang buat sirap. Cairkan mentega dalam periuk. Setelah cair, masukkan Sirap Karo (atau madu), gula, minyak sayuran, dan kicap. Kacau hingga sebati.

d) Tuangkan sirap ke atas dua kuali adunan chex, pastikan sirap bahagikan sama rata antara dua kuali. Menggunakan dua sudu besar/spatula, toskan adunan chex sehingga semua kepingan bersalut sama rata dengan sirap.

e) Kemudian tuangkan keseluruhan botol Nori Goma Furikake, belah antara dua kuali. Kacau sehingga furikake sebati.

f) Bakar pada suhu 250F selama 1 jam. Keluarkan kuali setiap 15 minit untuk tos/gaul untuk pastikan masak sekata.

g) Keluarkan dari ketuhar, biarkan sejuk. Kemudian bahagikan kepada beg/bekas dan kongsi.

71. Pink Lemon ade Chex Mix

BAHAN-BAHAN:
- 9 cawan Rice Chex
- 1 ½ cawan cip coklat putih
- ¼ cawan mentega tanpa garam
- 4 sudu kecil kulit lemon
- 2 sudu besar jus lemon
- 2 titik pewarna makanan merah jambu
- 2 cawan gula halus

ARAHAN:

a) Tuangkan bijirin ke dalam mangkuk besar dan kemudian ketepikan.

b) Dalam bekas selamat gelombang mikro, masukkan cip coklat putih, mentega, kulit limau, pewarna makanan dan jus lemon.

c) Cairkan dalam ketuhar gelombang mikro selama satu minit, kemudian kacau.

d) Teruskan cair untuk selang 30 saat tambahan sehingga licin sepenuhnya apabila dikacau.

e) Tuangkan adunan cair ke atas bijirin dan kacau perlahan-lahan sehingga bijirin bersalut rata.

f) Pindahkan bijirin ke dalam beg Ziploc galon.

g) Masukkan gula tepung dan goncang, goncang, goncang pembuat wang anda.

72. Campuran munch barbeku

BAHAN-BAHAN:
- ½ cawan biji jagung
- 1 cawan Cheerios
- 1 cawan Gandum Cincang saiz sudu
- 1 cawan Corn Chex atau dedak jagung
- 1 cawan Pretzel
- ½ cawan kacang tanah panggang kering
- ½ cawan biji bunga matahari
- 1 sudu besar mentega atau marjerin
- 1 sudu kecil cili kisar
- 1 sudu kecil Paprika
- 1 sudu teh oregano kisar
- 1 cawan batang bijan
- 1 sudu besar sos Worcestershire
- 1 sudu teh sos Tabasco

ARAHAN:
a) Panaskan gril hingga 350 darjah.
b) Dalam mangkuk adunan yang besar, satukan bijirin, pretzel, badam dan biji.
c) Dalam hidangan kecil, satukan mentega, Worcestershire, serbuk cili, oregano, paprika dan Tabasco.
d) Kacau sos ke dalam campuran bijirin dengan teliti.
e) Sapukan pada kuali griddle dan masak selama 15 minit, kacau dua kali. Biarkan sejuk.
f) Satukan dengan biji jagung dan batang bijan dan hidangkan.

73. Campuran Pesta Red Velvet

BAHAN-BAHAN:
- 6 cawan bijirin coklat
- ½ cawan gula perang yang dibungkus
- ⅓ cawan mentega
- 3 sudu besar sirap jagung
- 1 titis warna makanan gel merah
- 1 cawan Makanan Campuran Kek
- ½ cawan pembekuan keju krim berkrim

ARAHAN:

e) Dalam mangkuk microwave yang besar, letakkan bijirin; mengetepikan.

f) Dalam mangkuk sederhana gelombang mikro, gula perang gelombang mikro, mentega, sirap jagung, warna makanan dan campuran kek ditemui pada High.

g) Segera tuangkan ke atas bijirin; toskan sehingga bersalut sebati.

h) Sapukan pada kertas lilin. Sejukkan selama 5 minit.

i) Dalam mangkuk microwave kecil, letakkan pembekuan; gelombang mikro dibuka pada Tinggi selama 20 saat.

j) Gerimis di atas campuran bijirin. Simpan bertutup longgar.

74. Campuran Parti Fusion Asia

BAHAN-BAHAN:
- 6 cawan popcorn meletus
- 2 cawan petak bijirin sarapan nasi Konjac rangup saiz gigitan
- 1 cawan gajus panggang tanpa garam atau kacang tanah
- 1 cawan pretzel kecil
- 1 cawan kacang wasabi
- $1/4$ cawan marjerin vegan
- 1 sudu besar kicap
- 1/2 sudu teh garam bawang putih
- 1/2 sudu teh garam perasa

ARAHAN:
a) Panaskan ketuhar hingga 250°F. Dalam kuali pembakar 9 x 13 inci, satukan popcorn, bijirin, gajus, pretzel dan kacang polong.
b) Dalam periuk kecil, satukan marjerin, kicap, garam bawang putih, dan garam perasa. Masak, kacau, dengan api sederhana sehingga marjerin cair, kira-kira 2 minit. Tuangkan ke atas bancuhan popcorn, kacau hingga sebati. Bakar selama 45 minit, kacau sekali-sekala. Sejukkan sepenuhnya sebelum dihidangkan.

75.Chex kawan berlumpur

BAHAN-BAHAN:
- 9 cawan bijirin jenama Chex
- 1 cawan Cip Coklat Separuh Manis
- ½ cawan Mentega Kacang REESE
- ¼ cawan Marjerin atau mentega
- 1 sudu teh ekstrak vanila
- 1½ cawan Gula Serbuk

ARAHAN:

a) Tuangkan bijirin ke dalam mangkuk besar; mengetepikan.

b) Dalam mangkuk selamat gelombang mikro 1 liter, gabungkan Cip Coklat HERSHEY'S, Mentega Kacang REESE'S dan marjerin. Ketuhar gelombang mikro pada HIGH selama 1 hingga 1½ minit atau sehingga rata, kacau selepas 1 minit

c) Masukkan vanila.

d) Tuangkan adunan coklat ke atas bijirin, kacau sehingga semua kepingan bersalut rata.

e) Tuangkan campuran bijirin ke dalam beg plastik GLAD-LOCK besar yang boleh ditutup semula dengan Gula Serbuk C&H.

f) Tutup dengan kemas dan goncang sehingga semua kepingan bersalut dengan baik.

g) Sapukan pada kertas lilin untuk menyejukkan.

76.Red Velvet Puppy Chow

BAHAN-BAHAN:
- 15.25 auns campuran kek baldu merah
- 1 cawan gula tepung
- 12 auns coklat putih
- 8 auns coklat separuh manis
- 2 sudu besar krim kental, suhu bilik
- 12 auns bijirin Chex
- 10 auns M&M's
- ⅛ Taburan berwarna cawan

ARAHAN:
a) Panaskan ketuhar anda hingga 350°F.
b) Sapukan adunan kek baldu merah di atas loyang yang telah dialas dengan kertas parchment.
c) Bakar dalam ketuhar selama 5-8 minit.
Keluarkan dari ketuhar dan biarkan sejuk.
d) Masukkan adunan kek dan gula tepung ke dalam beg yang boleh ditutup semula dan goncang untuk sebati. Letakkan sebelah.
e) Dalam mangkuk, pecahkan coklat kemudian panaskan dalam ketuhar gelombang mikro dalam kenaikan 30 saat, kacau di antaranya, sehingga coklat cair sepenuhnya.
f) Masukkan krim.
g) Masukkan bijirin Chex ke dalam mangkuk adunan besar yang lain dan tuangkan coklat ke atas.
h) Berhati-hati kacau bijirin bersama-sama coklat sehingga bersalut rata kemudian, bekerja dalam kelompok, masukkan bijirin bersalut coklat ke dalam beg dengan campuran kek dan gula dan goncang sehingga bersalut sepenuhnya.
i) Keluarkan kepingan bijirin ke atas loyang yang dialas dengan kertas parchment.
j) Ulangi dengan bijirin yang tinggal, kemudian biarkan kepingan kering selama kira-kira sejam.
k) Campurkan dengan M&Ms dan taburan dan letak dalam mangkuk untuk dihidangkan.

77. Campuran Pesta BBQ Pedas

BAHAN-BAHAN:
- 3 cawan bijirin Chex jagung
- 3 cawan nasi bijirin Chex
- 1 cawan batang pretzel
- 1 cawan madu kacang tanah panggang
- 2 sudu besar sos Worcestershire
- 2 sudu besar sos panas
- 1 sudu besar paprika salai
- 1 sudu besar serbuk bawang putih
- 1 sudu besar serbuk bawang
- ½ cawan sos BBQ

ARAHAN:

a) Panaskan ketuhar hingga 250°F (120°C).

b) Dalam mangkuk besar, campurkan bersama bijirin, pretzel, dan kacang tanah.

c) Dalam mangkuk yang berasingan, pukul bersama sos Worcestershire, sos panas, paprika salai, serbuk bawang putih, serbuk bawang dan sos BBQ.

d) Tuangkan adunan sos ke atas adunan bijirin dan kacau sehingga semuanya bersalut rata.

e) Sapukan adunan ke atas loyang dan bakar selama 1 jam, kacau setiap 15 minit.

f) Biarkan sejuk sebelum dihidangkan.

DONAT

78.Tira misu Donuts

BAHAN-BAHAN:
UNTUK DONUT YIS
- ½ cawan air suam
- 2 dan ¼ sudu teh yis kering aktif
- ½ cawan susu mentega suam
- 1 biji telur besar, dipukul
- ¼ cawan mentega cair
- ¼ cawan gula
- ½ sudu teh garam
- 3 cawan tepung serba guna, ditambah tambahan untuk menguli

UNTUK PENGISIAN KRIM KOPI
- ¾ cawan krim putar, sejuk
- ½ cawan gula tepung
- 1 sudu teh vanila
- ¾ cawan keju mascarpone
- 2 sudu besar kopi yang dibancuh, sejuk

UNTUK GLAZE COKLAT PUTIH
- 150 gram coklat putih
- 4 sudu besar krim putar
- serbuk koko untuk menyapu bahagian atas donat

ARAHAN:

a) Dalam mangkuk adunan, masukkan air suam. Taburkan yis dan kira-kira 1 sudu teh gula. Biarkan campuran ini selama 5-7 minit, atau sehingga berbuih. Masukkan buttermilk, telur, mentega cair, baki gula dan garam. Kacau semuanya dengan sudu kayu sehingga semuanya sebati.

b) Tambah 3 cawan tepung, satu cawan pada satu masa, dan kacau sehingga adunan mula membentuk jisim berbulu. Teruskan menggaul sehingga menjadi doh yang longgar di tengah.

c) Taburkan permukaan kerja yang bersih dengan tepung. Balikkan doh dan uli sehingga doh licin dan elastik, taburkan tangan dan papan dengan tepung mengikut keperluan. Untuk menguji ini, keluarkan sebahagian kecil doh di tangan anda, dan rentangkan dengan jari anda untuk membentuk segi empat sama. Doh harus membentuk filem lut sinar di tengah. Ini juga dikenali sebagai ujian Window Pane. Bentukkan doh yang diuli menjadi bebola. Letakkannya dalam mangkuk dan tutupnya dengan tuala bersih. Biarkan ia mengembang selama 1 dan ½ hingga 2 jam, atau sehingga saiznya dua kali ganda. Sementara itu, potong 12-14 keping kertas parchment segi empat sama kira-kira 4-5 inci.

d) Setelah naik, perlahan-lahan kempiskan doh. Di atas permukaan yang ditaburkan sedikit tepung, canai satu bahagian doh ke dalam segi empat tepat kasar setebal ½ inci. Menggunakan pemotong biskut yang berdiameter 3 inci, potong sebanyak mungkin bulatan daripada doh. Ulang dengan separuh lagi adunan.

e) Letakkan setiap doh berbentuk pada kertas kertas persegi dan susunkannya di atas dulang pembakar yang besar. Tutup kuali dengan tuala dapur yang bersih dan biarkan ia naik semula selama 30-40 minit atau sehingga lembut dan kembang.

f) Panaskan kira-kira 3-4 inci minyak kanola pada kuali berdasar berat yang luas. Sebaik sahaja minyak mencapai 350 F, turunkan 2-3 donat pada satu masa, keluarkan dengan berhati-hati dari kertas kulit, dan goreng sehingga keemasan pada setiap sisi, kira-kira 1-3 minit secara keseluruhan. Donat cepat coklat, jadi perhatikan dengan teliti. Toskan donat yang digoreng di atas rak yang terletak di atas loyang yang dialas dengan tuala kertas. Biarkan ia sejuk sepenuhnya sebelum diisi.

BUAT PENGISIAN TIRAMISU

g) Dalam mangkuk pengadun berdiri, satukan krim putar, gula tepung dan ekstrak vanila. Pukul adunan menggunakan attachment whisk hingga pekat dan kembang. Masukkan keju mascarpone dan kopi sejuk dan pukul sehingga sebati.

h) Pindahkan krim ke dalam beg paip yang dilengkapi dengan lampiran atau ke dalam penekan kuki dengan lampiran pengisi.

i) Menggunakan jari atau lampiran paip, tebuk lubang di sepanjang sisi donat. Gunakan jari anda untuk membuat sedikit ruang kosong di dalam donat dengan membuat gerakan menyapu di dalamnya. Paipkan sedikit krim tiramisu ke dalam sehingga donat mengembang.

BUAT COKLAT PUTIH GLAZE

j) Potong coklat menjadi kepingan kecil dan letakkan dalam mangkuk kalis haba yang luas. Tuangkan krim putar ke dalam mangkuk yang selamat untuk ketuhar gelombang mikro dan panaskan dalam ketuhar gelombang mikro sehingga bahagian tepinya mula menggelegak kira-kira 15-30 saat

79. Mini Ricotta Donuts Sumbat Nutella

BAHAN-BAHAN:
- Minyak kanola (untuk menggoreng)
- ¾ cawan tepung serba guna
- 2 sudu teh serbuk penaik
- ¼ sudu teh garam
- 1 cawan keju ricotta
- 2 biji telur besar
- 2 sudu besar gula pasir
- 2 sudu teh ekstrak vanila
- ½ cawan Nutella
- Gula aising (pilihan)

ARAHAN:
a) Dalam mangkuk kecil, pukul bersama tepung, serbuk penaik, dan garam; mengetepikan.
b) Dalam mangkuk adunan besar, pukul bersama keju ricotta, telur, gula dan vanila. Masukkan bahan kering dan gaul hingga sebati.
c) Tuangkan minyak kanola ke dalam periuk yang dalam dan berdasar berat, kira-kira 1½ inci dalam. Panaskan minyak hingga kira-kira 370°F, menggunakan termometer penggorengan dalam.
d) Letakkan bola adunan bersaiz sudu kecil perlahan-lahan ke dalam minyak, jatuhkan dengan lancar untuk mendapatkan bola yang paling bulat. Goreng 4-5 pada satu masa, putar sekali-sekala, sehingga keemasan, 3-4 minit. Menggunakan penyepit, pindahkan donat ke tuala kertas untuk mengalirkan air. Ulang sehingga adunan habis. Biarkan donat sejuk sehingga ia mudah dikendalikan.
e) Pindahkan Nutella ke dalam picagari atau beg paip dengan hujung yang panjang dan runcing. Mungkin berguna untuk memanaskan Nutella dalam ketuhar gelombang mikro selama kira-kira 30 saat dahulu. Cucuk lubang kecil pada donat, kemudian masukkan picagari dan isi dengan Nutella. Jumlahnya berbeza-beza, tetapi anda harus merasakan berapa banyak Nutella masuk ke dalam setiap satu. Ulang dengan semua donat.
f) Taburkan dengan gula aising, jika mahu, dan hidangkan.

80.Donat Keju Cheddar dan Jalapeño

BAHAN-BAHAN:
- 2 cawan tepung serba guna
- 1 sudu besar serbuk penaik
- ½ sudu teh garam
- ¼ cawan mentega tanpa garam, cair
- 1 cawan susu
- 2 biji telur besar
- ½ cawan keju cheddar yang dicincang
- ¼ cawan jeruk jalapeño, dicincang

ARAHAN:

a) Panaskan ketuhar hingga 375°F (190°C) dan griskan kuali donat dengan semburan masak.

b) Dalam mangkuk adunan, pukul bersama tepung, serbuk penaik, dan garam.

c) Dalam mangkuk yang berasingan, campurkan mentega cair, susu dan telur.

d) Masukkan bahan basah ke dalam bahan kering dan kacau sehingga sebati.

e) Masukkan keju cheddar yang dicincang dan jalapeño yang dicincang.

f) Sudukan adunan ke dalam loyang donat yang telah disediakan, penuhkan setiap acuan kira-kira ¾ penuh.

g) Bakar selama 12-15 minit atau sehingga donat berwarna perang keemasan.

h) Keluarkan dari ketuhar dan biarkan sejuk selama 5 minit sebelum dikeluarkan dari kuali.

81. Donat Paleo Cider Epal

BAHAN-BAHAN:
- ½ sudu teh kayu manis
- ½ sudu teh baking soda
- ⅛ sudu teh garam laut
- 2 biji telur
- beberapa titik cecair stevia
- ½ cawan tepung kelapa
- 2 sudu besar minyak badam
- ½ cawan cider epal suam
- 2 sudu besar minyak sapi, cair - untuk salutan

GULA KAYU MANIS
- ½ cawan gula kelapa parut
- 1 sudu besar kayu manis

ARAHAN:
a) Panaskan dulu pembuat donat.
b) Satukan tepung kelapa, baking soda, kayu manis, dan garam.
c) Pukul telur, minyak, dan stevia dalam mangkuk lain.
d) Campurkan bahan kering dengan bahan basah bersama cider epal.
e) Cedok adunan donut ke dalam pembuat donat.
f) Masak selama 3 minit.
g) Sapu donat dengan minyak sapi/mentega/minyak badam cair.
h) Toskan donat dengan bancuhan kayu manis/gula kelapa.

82.Donat Kek Coklat

BAHAN-BAHAN:
- 1 ½ cawan tepung serba guna
- ½ cawan serbuk koko tanpa gula
- ½ sudu teh serbuk penaik
- ½ sudu teh baking soda
- ¼ sudu teh garam
- ½ cawan gula pasir
- ¼ cawan minyak sayuran
- 1 biji telur besar
- 1 sudu teh ekstrak vanila
- ¾ cawan mentega
- 1 cawan gula tepung
- ¼ cawan susu
- ¼ cawan serbuk koko tanpa gula

ARAHAN:
a) Panaskan ketuhar hingga 375°F. Griskan kuali donat dengan semburan masak tidak melekat dan ketepikan.
b) Dalam mangkuk adunan besar, pukul bersama tepung, serbuk koko, serbuk penaik, soda penaik, garam dan gula.
c) Dalam mangkuk adunan yang berasingan, pukul bersama minyak, telur dan ekstrak vanila. Masukkan buttermilk secara beransur-ansur hingga sebati.
d) Tuangkan bahan basah ke dalam bahan kering dan gaul sehingga sebati.
e) Pindahkan adunan ke dalam piping bag dan paipkan ke dalam loyang donat yang telah disediakan, penuhkan setiap rongga kira-kira ⅔ penuh.
f) Bakar selama 10-12 minit atau sehingga pencungkil gigi yang dimasukkan ke tengah donat keluar bersih.
g) Dalam mangkuk kecil, pukul bersama gula tepung, susu, dan serbuk koko sehingga menjadi sayu. Celupkan donat yang telah disejukkan ke dalam sayu dan biarkan kering di atas rak dawai.

83. Donat Dadih Markisa

BAHAN-BAHAN:
UNTUK KURD BUAH PASSIONFRUIT
- ½ cawan gula pasir
- 3 biji kuning telur besar
- ¼ cawan puri markisa
- 2 sudu besar (1 auns cecair) jus lemon yang baru diperah
- ½ cawan mentega tanpa garam sejuk, dipotong menjadi kiub 1 inci

UNTUK DONAT
- ¾ cawan (6 auns cecair) susu penuh
- 2 biji telur besar
- 2 biji kuning telur besar
- 3 ½ cawan tepung serba guna
- 1¼ cawan gula pasir, dibahagikan
- 2 ¼ sudu teh yis segera
- 1 sudu teh garam halal
- 6 sudu besar mentega tanpa garam, dipotong dadu
- minyak sayuran, untuk menggoreng

ARAHAN:
UNTUK KURD BUAH PASSIONFRUIT
a) Dalam periuk sederhana berdasar berat, pukul bersama ½ cawan gula pasir dan 3 kuning telur besar sehingga sebati dan anda mempunyai campuran kuning pucat yang homogen. Pukul dalam ¼ cawan markisa dan 2 sudu besar jus lemon segar sehingga adunan menjadi cair dan letakkan periuk di atas api sederhana. Masak, kacau sentiasa dengan sudu kayu (dan pastikan anda menggunakan spatula getah kalis haba untuk mengikis bahagian tepi kuali), sehingga adunan cukup pekat untuk menyaluti belakang sudu, 8 hingga 10 minit, dan mencatatkan 160 (F) pada termometer baca segera.

b) Setelah adunan mencatatkan 160 (F), keluarkan dari api dan pukul dalam ½ cawan kiub mentega tanpa garam, beberapa kiub pada satu masa, hanya menambah lagi apabila kiub sebelumnya telah digabungkan sepenuhnya. Setelah semua mentega telah ditambah, gunakan ayak berjaring halus untuk menapis dadih ke dalam mangkuk kaca kecil. Tutup dengan bungkus plastik, tekan plastik terus ke permukaan dadih untuk mengelakkan kulit daripada terbentuk. Sejukkan sehingga sejuk dan tetapkan, sekurang-kurangnya 2 hingga 3 jam (tetapi sebaiknya semalaman). Dadih disimpan dalam balang kaca tertutup di dalam peti sejuk selama 2 minggu.

Untuk Donat

c) Untuk menyediakan doh, bawa ¾ cawan susu penuh hanya sehingga mendidih dengan api sederhana dalam periuk kecil. Perhatikan dengan teliti untuk memastikan susu tidak mendidih. Tuangkan susu ke dalam cawan penyukat cecair dan biarkan ia sejuk antara 105 (F) dan 110 (F). Apabila susu telah sejuk, masukkan 2 telur besar dan 2 kuning telur besar ke dalam susu dan pukul perlahan-lahan untuk menggabungkan.

d) Dalam mangkuk pengadun berdiri bebas yang dilengkapi dengan lampiran dayung, satukan 3 ½ cawan tepung serba guna, ¼ cawan gula pasir, 2 ¼ sudu teh yis segera dan satu sudu teh garam halal. Masukkan adunan susu dan gaul sehingga sebati.

e) Tukar kepada cangkuk doh dan uli doh pada kelajuan rendah, kira-kira 3 minit. Doh akan kelihatan melekit, tetapi tidak mengapa. Tambah 6 sudu besar mentega tanpa garam, satu atau dua kiub pada satu masa. Jika mentega tidak sebati, keluarkan mangkuk dari pengadun dan uli mentega dengan tangan anda selama seminit untuk memulakannya. Cuma terus masukkan dan uli sehingga sebati.

f) Setelah mentega dimasukkan, tingkatkan kelajuan pengadun kepada sederhana dan uli doh selama beberapa minit lagi sehingga doh licin dan elastik. Pindahkan doh ke dalam mangkuk sederhana yang digris ringan, tutup dengan bungkus plastik, dan sejukkan selama sekurang-kurangnya tiga jam, tetapi sebaiknya semalaman.

g) Apabila doh telah sejuk, alaskan dua helai baking paper dengan parchment paper. Sembur kertas parchment dengan murah hati dengan semburan masak.

h) Tundukkan doh sejuk ke atas permukaan kerja yang ditaburkan sedikit tepung dan gulungkannya menjadi segi empat tepat sembilan kali 13 inci kasar kira-kira ½ inci tebal. Gunakan pemotong biskut 3 ½ inci untuk memotong 12 bulatan doh dan letakkannya pada helaian yang disediakan. Taburkan sedikit serbuk tepung di atas setiap bulatan doh dan tutup dengan bungkus plastik. Letakkan di tempat yang hangat untuk membuktikan sehingga doh menjadi kembang dan keluar perlahan-lahan apabila ditekan perlahan-lahan, kira-kira satu jam.

i) Apabila anda sudah bersedia untuk menggoreng donat, alaskan rak dawai dengan tuala kertas. Masukkan 1 cawan gula pasir dalam mangkuk sederhana. Tambah minyak sayuran ke dalam periuk sederhana, bahagian bawah berat sehingga anda mempunyai kira-kira dua inci minyak. Pasangkan termometer gula-gula di tepi periuk dan panaskan minyak hingga 375 (F). Berhati-hati tambahkan 1 hingga 2 donat ke dalam minyak dan gorengkannya sehingga perang keemasan, kira-kira 1 hingga 2 minit setiap sisi. Gunakan sudu berlubang untuk memancing donat keluar dari minyak dan pindahkan ke rak dawai yang disediakan. Selepas kira-kira 1 atau 2 minit, apabila Donut cukup sejuk untuk dikendalikan, masukkannya ke dalam mangkuk gula pasir sehingga bersalut. Ulang dengan doh yang tinggal.

UNTUK MENGISI

j) Untuk mengisi donat, gunakan hujung pastri Bismarck (atau pemegang sudu kayu) untuk mencucuk lubang pada satu sisi setiap satu, pastikan tidak mencucuk ke bahagian yang lain.

k) Isi beg pastri dengan hujung bulat kecil (atau hujung Donut Bismarck, jika anda suka) dengan dadih markisa. Masukkan hujung beg pastri ke dalam lubang dan picit perlahan-lahan untuk mengisi setiap Donut.

l) Hidangkan apa-apa dadih berlebihan di sebelah sebagai sos pencicah (ia juga berfungsi dengan baik dengan wafel!). Donat adalah yang terbaik pada hari ia dibuat.

84. Donat Kek Blueberry

BAHAN-BAHAN:
- 1 cawan tepung serba guna
- ½ cawan gula pasir
- 1 ½ sudu teh serbuk penaik
- ½ sudu teh garam
- ½ sudu teh kayu manis tanah
- ¼ sudu teh pala tanah
- ⅓ cawan mentega
- ¼ cawan minyak sayuran
- 1 biji telur besar
- ½ sudu teh ekstrak vanila
- ½ cawan beri biru segar

ARAHAN:

a) Panaskan ketuhar hingga 350°F (175°C). Griskan kuali donat dengan semburan masak tidak melekat dan ketepikan.

b) Dalam mangkuk adunan yang besar, pukul bersama tepung, gula, serbuk penaik, garam, kayu manis, dan buah pala sehingga sebati.

c) Dalam mangkuk adunan yang berasingan, pukul bersama buttermilk, minyak sayuran, telur dan ekstrak vanila sehingga sebati.

d) Tuangkan bahan basah ke dalam bahan kering dan gaul sehingga sebati.

e) Masukkan blueberry perlahan-lahan sehingga sekata ke seluruh adunan.

f) Pindahkan adunan ke dalam piping bag dan paipkan ke dalam loyang donat yang telah disediakan, penuhkan setiap rongga kira-kira ⅔ penuh.

g) Bakar selama 12-15 minit atau sehingga pencungkil gigi yang dimasukkan ke tengah donat keluar bersih.

h) Keluarkan kuali dari ketuhar dan biarkan donat sejuk dalam kuali selama 5 minit sebelum memindahkannya ke rak dawai untuk menyejukkan sepenuhnya.

i) Pilihan: Anda juga boleh mencelupkan donat yang telah disejukkan ke dalam sayu ringkas yang diperbuat daripada gula tepung dan susu untuk menambah rasa manis.

j) Hidangkan dan nikmati donat kek blueberry yang lazat!

85. Donat Oreo Bakar

BAHAN-BAHAN:
- 1 cawan tepung serba guna
- ½ cawan gula perang muda yang dibungkus
- ⅓ cawan serbuk koko tanpa gula
- ½ sudu teh garam
- ¾ sudu teh serbuk penaik
- ½ sudu teh baking soda
- 1 biji telur besar
- ½ cawan susu apa-apa jenis
- ¼ cawan minyak kelapa cair atau minyak sayuran
- 1½ sudu teh ekstrak vanila
- 6 biskut Oreo, ditumbuk menjadi serbuk
- Pembekuan Keju Krim

ARAHAN:
a) Panaskan ketuhar hingga 350°F.
b) Sembur sedikit dua kuali donat 6 kiraan dengan semburan masak tidak melekat. Mengetepikan.
c) Dalam mangkuk besar, satukan tepung, gula perang, serbuk koko, garam, serbuk penaik, dan baking soda. Mengetepikan.
d) Dalam mangkuk sederhana, pukul telur, susu, minyak kelapa, dan ekstrak vanila sehingga rata. Perlahan-lahan tuangkan bahan basah ke dalam adunan tepung, kacau sehingga sebati. Adunan akan menjadi sangat pekat.
e) Masukkan biskut Oreo yang telah dihancurkan perlahan-lahan
f) Sudukan adunan ke dalam beg ziplock besar dan potong hujung sudut bawah.
g) Paipkan adunan ke dalam loyang donat yang telah disediakan.
h) Bakar selama 8-10 minit, atau sehingga donat agak pejal.
i) Keluarkan dari ketuhar dan sejukkan sepenuhnya sebelum menambah pembekuan.
j) Untuk menyediakan pembekuan, pukul keju krim dan mentega sehingga rata.
k) Masukkan susu, ekstrak vanila, dan gula tepung.
l) Pukul sehingga licin dan mencapai konsistensi dan kemanisan yang anda inginkan.
m) Tambah lebih banyak susu dan/atau gula tepung, jika perlu.
n) Ambil setiap donat dan celupkannya separuh ke dalam pembekuan, kemudian taburkan dengan biskut Oreo yang dihancurkan.

ROTI GULUNG KULIT KAYU MANIS

86. Pink Lemonade Cinnamon rolls

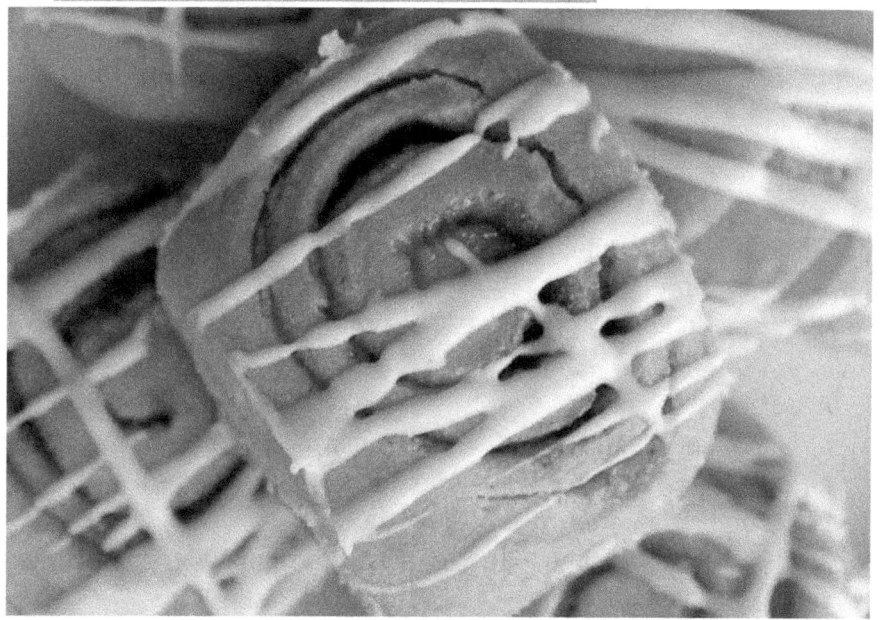

BAHAN-BAHAN:
- 375 ml limau merah jambu
- 300 ml krim
- 4 cawan tepung naik sendiri
- 50 g mentega cair
- ¼ cawan gula
- 1 sudu teh kayu manis tanah
- ½ cawan tepung biasa untuk disalut
- ½ jus lemon
- 2 cawan gula aising

ARAHAN:
a) Letakkan tepung naik sendiri dalam mangkuk besar, tuangkan krim dan limau merah jambu, dan gaul sehingga sebati.
b) Hidupkan di atas meja bertepung.
c) Uli perlahan-lahan dan tekan atau gulung menjadi segi empat tepat yang besar dengan ketebalan lebih kurang 1 cm.
d) Berus dengan mentega cair, dan taburkan dengan gula dan kayu manis.
e) Gulung dari tepi ke tengah untuk membuat dua batang kayu. Potong bahagian tengah untuk membuat dua batang kayu.
f) Potong bulat 1 cm.
g) Bakar pada suhu 220C selama 10 minit.
h) Campurkan gula aising dengan jus lemon. Gerimis di atas skrol.

87. Coklat Oreo Cinnamon Rolls

BAHAN-BAHAN:

DOH GULUNG KAYU MANIS
- ¼ cawan air suam
- 2 sudu besar gula merah
- 2¼ sudu teh yis segera
- 2 ¾ cawan tepung serba guna
- 2 sudu besar gula pasir
- ½ sudu teh garam
- 3 sudu besar mentega tanpa garam, cair
- ½ cawan susu pilihan
- 1 biji telur besar

OREO CINNAMON ROLL COKLAT ISI
- ¼ cawan serbuk koko
- ⅔ cawan susu pilihan
- 1 ½ cawan cip coklat gelap
- 3 sudu besar mentega tanpa garam
- 24 biji Oreo, hancurkan
- 1 secubit garam laut
- Krim Keju Glaze

ARAHAN:

doh

a) Dalam mangkuk adunan kecil, pukul bersama air suam, gula perang, dan yis.

b) Tutup dengan tuala dapur bersih dan ketepikan untuk mengaktifkan. Anda akan tahu yis anda diaktifkan apabila gelembung kecil muncul di permukaan campuran.

c) Dalam mangkuk adunan besar yang berasingan, kacau bersama tepung, gula, garam, mentega, susu dan telur.

d) Setelah yis anda diaktifkan, masukkannya ke dalam mangkuk adunan besar dengan bahan-bahan lain dan kacau sehingga ia sebati.

e) Tutup permukaan yang bersih dan rata dengan tepung, dan gunakan tangan yang ditutup dengan tepung untuk menguli doh anda selama 3 minit. Doh anda akan melekit, terus masukkan tepung ke tangan dan permukaan mengikut keperluan.

f) Letakkan doh anda kembali ke dalam mangkuk dan tutupnya dengan tuala dapur bersih untuk mengembang selama kira-kira sepuluh minit.

PENGISIAN

g) Dalam mangkuk besar yang selamat untuk microwave, masukkan susu, serbuk koko, cip coklat gelap dan mentega. Ketuhar gelombang mikro pada suhu tinggi selama 1.5-2 minit, sehingga cip coklat cair. Pukul hingga rata. Masukkan secubit garam.

h) Hancurkan Oreo anda dalam pemproses makanan sehingga menjadi habuk halus.

i) Setelah doh anda mengembang dua kali ganda, tambahkan lebih banyak tepung ke permukaan anda dan gunakan pin canai tepung untuk melancarkan doh ke dalam bentuk segi empat tepat, kira-kira 9 x 12 inci.

j) Tuangkan inti coklat Oreo anda ke atas doh anda dan gunakan spatula untuk meratakannya di atas permukaan, meninggalkan kira-kira ½ inci margin pada semua sisi. Taburkan Oreo yang telah dihancurkan di atasnya dalam lapisan tebal.

k) Bekerja dari bahagian yang lebih pendek, gunakan dua tangan untuk mula menggulung doh anda dengan ketat dari anda sehingga anda dibiarkan dengan silinder, kira-kira 12 inci panjang.

l) Potong silinder anda kepada 6 bahagian yang sama, kira-kira 2 inci lebar untuk membuat 6 gulungan kayu manis individu.

m) Tambah gulungan kayu manis anda ke dalam hidangan pembakar persegi 11.5 inci, tinggalkan kira-kira satu inci di antara setiap gulungan.

n) Tutup dengan tuala dapur yang bersih dan biarkan gulungan berehat selama kira-kira 90 minit atau sehingga saiznya dua kali ganda.

o) Panaskan ketuhar anda hingga 375°F dan bakar selama 25-30 minit sehingga bahagian atas gulung anda berwarna perang keemasan.

p) Benarkan Oreo Cinnamon Rolls anda sejuk selama kira-kira 10 minit sebelum menambah aising anda. Nikmati!

88. Gulungan Kayu Manis Red Velvet

BAHAN-BAHAN:
UNTUK GULUNG CINNAMON
- 4½ sudu teh yis kering
- 2-½ cawan air suam
- 15.25 auns Kotak campuran kek Red Velvet
- 1 sudu teh ekstrak vanila
- 1 sudu teh garam
- 5 cawan tepung serba guna

UNTUK CAMPURAN GULA KAYU MANIS
- 2 cawan gula perang yang dibungkus
- 4 sudu besar kayu manis dikisar
- ⅔ cawan mentega dilembutkan

UNTUK ASING KEJU KRIM
- 16 auns setiap keju krim, dilembutkan
- ½ cawan mentega dilembutkan
- 2 cawan gula halus
- 1 sudu teh ekstrak vanila

ARAHAN:

a) Dalam mangkuk adunan yang besar, satukan yis dan air sehingga larut.

b) Masukkan adunan kek, vanila, garam, dan tepung. Gaul rata - doh akan menjadi sedikit melekit.

c) Tutup mangkuk dengan ketat dengan bungkus plastik. Biarkan doh mengembang selama satu jam. Tebuk doh dan biarkan ia mengembang semula selama 45 minit lagi.

d) Di atas permukaan yang ditaburi sedikit tepung, canai doh menjadi segi empat tepat besar kira-kira ¼ inci tebal. Sapukan mentega ke seluruh doh secara rata.

e) Dalam mangkuk sederhana, satukan gula perang dan kayu manis. Taburkan adunan gula perang ke atas mentega.

f) Gulung seperti jeli, bermula di tepi panjang. Potong kepada 24 bahagian yang sama.

g) Griskan dua loyang 9x13 inci. Susun hirisan cinnamon roll dalam kuali. Tutup dan biarkan mengembang di tempat yang hangat hingga mengembang dua kali ganda.

h) Panaskan ketuhar hingga 350°F.

i) Bakar selama 15-20 minit atau sehingga masak.

j) Semasa gulungan kayu manis dibakar, sediakan aising krim keju dengan krim keju krim dan mentega dalam mangkuk adunan sederhana sehingga berkrim. Campurkan vanila. Masukkan gula halus secara beransur-ansur.

89. Gulung kayu manis kentang

BAHAN-BAHAN:
- 1 paun Kentang, rebus dan tumbuk
- 2 cawan Susu
- 1 cawan Mentega
- 1 cawan Ditambah 2 sudu teh gula
- ¾ sudu teh biji Cardamon
- 1 sudu teh Garam
- 2 pek yis kering
- ½ cawan air suam
- 8½ cawan Tepung, tidak diayak
- 2 biji telur
- 2 sudu teh Vanila

ISI KAYU MANIS
- ¾ cawan Gula
- ¾ cawan gula perang
- 2 sudu teh Kayu Manis

GLAZE KACANG
- 3 cawan gula tepung
- ½ cawan kacang cincang
- ¼ sudu teh Kayu Manis
- 2 sudu kecil Mentega
- 4 hingga 5 sudu teh air

ARAHAN:

a) Gaul kentang dan susu hingga rata. Masukkan ½ cawan mentega, 1 cawan gula, dan garam. Panaskan hingga suam.

b) Dalam mangkuk besar campurkan yis, air, dan baki 2 sudu teh gula. Biarkan sehingga berbuih.

c) Masukkan adunan kentang, 4 cawan tepung, telur, dan vanila.

d) Pukul hingga rata. Kacau secara beransur-ansur dalam 3½ hingga 4 cawan tepung tambahan. Hidupkan doh di atas papan yang ditaburi tepung dan uli sehingga licin dan elastik selama 15 minit.

e) Tambah lagi tepung jika perlu. Biarkan naik selama 1 ½ jam.

f) Tumbuk ke bawah, lutut untuk mengeluarkan buih. Bahagikan. Cairkan baki mentega. Canai setiap bahagian doh menjadi segi empat tepat 5x18. Berus dengan 3 sudu teh mentega dan taburkan separuh daripada inti kayu manis.

g) Menggulung. Potong 12 bahagian, 1 ½" lebar. Letakkan dalam kuali 9x13", sapu dengan mentega, dan biarkan mengembang 35-40 minit. Bakar pada suhu 350 darjah selama 30 minit.

90.Gulung kayu manis pecan krim putar

BAHAN-BAHAN:
- 1 cawan krim putar
- 1½ cawan tepung serba guna
- 4 sudu teh serbuk penaik
- ¾ sudu teh Garam
- 2 sudu besar Mentega atau marjerin, cair
- Kayu manis dan gula
- ½ cawan gula perang ringan
- ½ cawan Pecan, dicincang
- 2 sudu besar Krim putar, atau susu sejat

ARAHAN:

a) Dalam mangkuk adunan sederhana, pukul krim sehingga puncak lembut terbentuk. Campurkan tepung, serbuk penaik, dan garam perlahan-lahan sehingga menjadi doh. Di atas papan yang ditaburi sedikit tepung, uli 10 hingga 12 kali. Gulungkan ke dalam segi empat tepat tebal 1/4".

b) Sapukan mentega cair ke seluruh permukaan. Taburkan dengan kayu manis dan gula, jumlah pilihan anda. Gulung seperti gulungan jeli: Bermula pada hujung yang panjang. Potong kepada segmen ¾ inci. Letakkan pada loyang yang telah digris dan bakar pada suhu 425F selama 10-15 minit, atau sehingga perang sangat sedikit.

c) Dalam mangkuk kecil, campurkan gula perang, pecan, dan 2 sudu besar krim putar sehingga sebati. Keluarkan gulung dari ketuhar. Sapukan topping pada setiap gulungan. Kembali ke ketuhar dan bakar sehingga topping mula menggelegak lebih kurang 5 minit.

91.Sos epal gulung kayu manis

BAHAN-BAHAN:
- 1 biji telur
- 4 cawan tepung serba guna
- 1 pakej yis kering aktif
- ¾ cawan sos epal
- ½ cawan susu skim
- 2 Sudu besar gula pasir
- 2 Sudu besar mentega
- ½ sudu teh garam

PENGISIAN:
- ¼ cawan sos epal
- ⅓ cawan gula pasir
- 2 sudu teh kayu manis tanah
- 1 cawan gula kuih-muih
- ½ sudu teh ekstrak vanila
- 1 Sudu besar susu skim

ARAHAN:

a) Panaskan ketuhar hingga 375 darjah F. Sembur dua kuali bulat 8 atau 9 inci dengan semburan masak.

b) Dalam mangkuk adunan besar, satukan 1½ c. tepung serba guna dan yis. Dalam periuk kecil satukan ¾ c. Sos Epal Asli Mott, susu skim, 2 sudu besar gula, mentega dan garam. Panaskan di atas api sederhana dan kacau hanya sehingga suam pada 120 darjah F.

c) Balikkan doh ke atas permukaan yang ditaburi sedikit tepung. Uli dalam baki tepung yang cukup, sehingga ¼ c., untuk membuat doh sederhana lembut yang licin dan kenyal.

d) Bentukkan doh menjadi bebola. Letakkan doh dalam mangkuk yang disembur dengan semburan masak

e) Tumbuk doh ke bawah, dan balikkan ke atas permukaan yang ditaburkan sedikit tepung. Tutup dan biarkan berehat selama 10 minit. Di atas permukaan yang ditaburkan sedikit tepung, canai doh ke segi empat sama 12 inci. Sebarkan ¼ c. Sos Epal Asli Mott. Gabungkan ⅓ c. gula dan kayu manis; tabur atas doh.

f) Susun 6 gulung, potong ke bawah, dalam setiap kuali. Tutup dan biarkan naik di tempat yang hangat sehingga hampir dua kali ganda, kira-kira 30 minit.

g) Bakar selama 20 hingga 25 minit atau sehingga kekuningan. Sejukkan selama 5 min. Terbalikkan ke dalam pinggan hidangan. Siram dengan campuran gula, vanila dan susu skim. Hidangkan hangat.

92.Gulungan kayu manis oren

BAHAN-BAHAN:
- 1 paun adunan roti beku; dicairkan
- 3 sudu besar Tepung
- 2 sudu besar Gula
- 1 sudu teh Kayu Manis
- ½ cawan gula tepung
- ½ sudu teh kulit oren parut
- 3 sudu teh jus oren
- Semburan minyak sayuran

ARAHAN:
a) Panaskan ketuhar hingga 375°. Gulungkan doh roti yang telah dicairkan ke atas permukaan yang ditaburi sedikit tepung ke dalam segi empat tepat 12x8".
b) Semburkan doh dengan semburan minyak sayuran. Campurkan gula dengan kayu manis dan taburkan rata ke atas doh. Canai doh, bermula dengan hujung yang panjang.
c) Tutup jahitan dan potong doh kepada 12 keping, 1" setiap satu.
d) Semburkan sedikit loyang bulat 9" dengan semburan masak. Letakkan kepingan doh ke dalam kuali, pastikan bahagian jahitan ke bawah menghala ke bahagian bawah kuali.
e) Sembur bahagian atas dengan semburan masak; tutup dan biarkan mengembang di tempat yang hangat sehingga saiznya hampir dua kali ganda, kira-kira 30 minit.
f) Bakar gulung selama 20-25 minit sehingga keperangan. Sejukkan sedikit dan keluarkan dari kuali.
g) Semasa gulung sejuk, sediakan sayu dengan mengacau bersama gula tepung, kulit oren dan jus.
h) Gerimis di atas gulungan dan hidangkan hangat.

EMPANADAS

93. Empanada Ayam BBQ

BAHAN-BAHAN:
- 2 cawan campuran Bisquick
- ½ cawan air
- 1 cawan ayam masak, dicincang
- ½ cawan sos barbeku
- ¼ cawan bawang besar dipotong dadu
- ¼ cawan lada benggala dipotong dadu
- ¼ cawan keju mozzarella yang dicincang
- Garam dan lada sulah secukup rasa

ARAHAN:

a) Panaskan ketuhar hingga 400°F (200°C) dan alaskan loyang dengan kertas parchment.

b) Dalam mangkuk adunan, satukan adunan Bisquick dan air untuk membuat doh empanada.

c) Canai doh di atas permukaan yang ditapis dan potong bulatan menggunakan pemotong biskut bulat atau gelas minuman.

d) Dalam mangkuk yang berasingan, campurkan ayam yang dicincang, sos barbeku, bawang besar potong dadu, lada benggala potong dadu, keju mozzarella yang dicincang, garam dan lada sulah.

e) Letakkan satu sudu adunan ayam pada setiap bulatan doh.

f) Lipat doh di atas inti untuk membuat bentuk separuh bulan, kemudian tekan tepi bersama untuk mengelak.

g) Letakkan empanada pada lembaran pembakar yang disediakan.

h) Bakar selama 12-15 minit atau sehingga empanada berwarna perang keemasan.

i) Biarkan empanada ayam BBQ sejuk sedikit sebelum dihidangkan.

94. Empanada Turki

BAHAN-BAHAN:
- 1 Cawan ayam belanda masak, dipotong dadu
- 1⅓ Cawan keju Cheddar, parut
- 4 auns cili hijau dalam tin, toskan
- 1 Cawan tepung gandum
- ¼ cawan makan jagung
- 2 Sudu Teh Garam
- ⅓ Cawan Mentega
- ¼ cawan air sejuk
- 1 Sudu Teh Susu
- 4 Sudu teh makan jagung (untuk topping)

ARAHAN:
a) Panaskan ketuhar hingga 400 F.
b) Campurkan ayam belanda, keju, dan cili; mengetepikan.
c) Dalam mangkuk yang berasingan, campurkan tepung, tepung jagung dan garam. Potong mentega sehingga zarah sebesar kacang kecil.
d) Renjiskan air dan gaulkan dengan pengisar pastri atau garfu sehingga pastri boleh dibentuk menjadi bebola. Tambah sedikit lagi air, jika perlu. Bahagikan doh kepada dua bahagian yang sama.
e) Putar satu bahagian ke atas papan tepung dan gulungkannya ke dalam segi empat sama 11". Letakkan pada helaian kuki yang telah disapu sedikit minyak. Sapukan separuh adunan ayam belanda ke atas separuh petak pastri, sampai dalam 1–½ inci tepi. Lipat satu lagi separuh daripada pastri di atasnya, dan kelimkan tepi untuk mengelak.
f) Ulangi prosedur ini dengan bahagian doh yang lain dan baki campuran ayam belanda. Berus pusing ganti dengan susu.
g) Taburkan baki tepung jagung di atas. Bakar pada 400 F selama 25 minit atau sehingga perang keemasan.
h) Biarkan sejuk sedikit; potong baji untuk dihidangkan.

95.Empanada Sosej Babi

BAHAN-BAHAN:
UNTUK KERAK:
- 2 cawan tepung serba guna
- ¼ sudu teh garam
- ⅔ cawan mentega
- 4 hingga 6 sudu besar air sejuk

UNTUK PENGISIAN:
- ½ paun sosej daging babi yang dikisar
- 1 cawan sos picante chunky
- ¼ cawan buah zaitun masak yang dicincang
- ¼ cawan kismis (pilihan)
- 1 biji telur masak keras, dikupas dan dicincang
- ½ sudu teh serbuk bawang putih
- 1 biji telur, dipukul sedikit
- Sos picante tambahan untuk dihidangkan

ARAHAN:
UNTUK KERAK:
a) Dalam mangkuk besar, satukan tepung dan garam.
b) Potong mentega sehingga adunan menjadi hancur. Gunakan garpu untuk mencampurkan air sejuk yang cukup untuk membentuk bebola doh.
c) Bahagikan doh kepada separuh dan bungkus setiap separuh dengan bungkus plastik. Ketepikan mereka.

UNTUK PENGISIAN:
d) Dalam kuali 10 inci, masak sosej yang dikisar di atas api sederhana, kacau sekali-sekala, sehingga ia menjadi rapuh dan perang (kira-kira 6 hingga 8 minit). Buang lemak berlebihan.
e) Masukkan 1 cawan sos picante ke dalam sosej yang telah dimasak. Teruskan memasak, kacau sekali-sekala, sehingga sos pekat sedikit (kira-kira 5 hingga 6 minit).
f) Masukkan buah zaitun yang dicincang, kismis (jika menggunakan), telur masak keras dan serbuk bawang putih. Teruskan memasak dan kacau sekali-sekala sehingga adunan sebati (kira-kira 1 hingga 2 minit). Ketepikan inti.

PERHIMPUNAN:

g) Di atas permukaan yang ditaburi sedikit tepung, bentukkan setiap separuh doh menjadi log 15 inci. Gulung setiap log menjadi segi empat tepat 20x5 inci.

h) Potong setiap segi empat tepat menjadi 8 (5x2.5 inci) segi empat tepat.

i) Pada satu sisi setiap segi empat tepat, letakkan kira-kira 1 sudu besar campuran inti.

j) Sapu tepi doh dengan air.

k) Lipat bahagian bertentangan doh ke atas adunan inti dan picit bahagian tepi bersama. Gunakan garpu untuk menekan dan menutup tepi.

l) Sapu bahagian atas empanada dengan telur yang telah dipukul.

m) Potong "X" di bahagian atas setiap empanada.

n) Letakkan empanada pada helaian biskut yang tidak digoreng.

o) Bakar selama 14 hingga 20 minit atau sehingga ia berwarna perang sedikit.

p) Hidangkan empanada dengan sos picante tambahan untuk mencelup.

q) Nikmati Sosej Empanada anda yang lazat!

96.Tuna Empanada

BAHAN-BAHAN:
UNTUK DOH:
- 300 gram Tepung
- 1 sudu teh Garam (5 g)
- 1 pek yis kering (10 g)
- 25 gram lemak babi atau minyak sapi, cair
- 2 biji telur, dipukul sedikit
- 80 mililiter Susu, dipanaskan

UNTUK PENGISIAN:
- 2 sudu besar minyak zaitun
- 300 mililiter Tomato puree atau 300 g tomato, dibelah empat
- 2 lada merah, buang bijinya dan potong jalur
- 1 ulas Bawang putih, ditumbuk
- 1 tin Tuna dalam minyak, toskan dan dikelupas (400 g)
- Garam dan lada hitam yang baru dikisar secukup rasa

ARAHAN:
MENYEDIAKAN doh:
a) Ayak tepung dan garam bersama dalam mangkuk, kemudian kacau dalam yis kering.

b) Buat perigi di tengah bahan kering dan masukkan lemak babi cair atau minyak sapi dan telur yang telah dipukul. Gaul sebati.

c) Masukkan susu yang telah dipanaskan secara beransur-ansur untuk mengikat adunan menjadi doh yang lembut.

d) Uli doh pada permukaan yang ditaburi sedikit tepung selama dua hingga tiga minit sehingga ia licin.

e) Kembalikan doh ke dalam mangkuk, tutupnya, dan biarkan ia mengembang selama satu jam.

MENYEDIAKAN PENGISIAN:
f) Panaskan minyak zaitun dalam kuali dan tumis tomato yang dibelah empat, jalur lada merah, dan bawang putih yang ditumbuk selama kira-kira 10 minit.

g) Masukkan tuna yang telah ditoskan dan dikelupas, dan perasakan dengan garam dan lada hitam yang baru dikisar. Simpan isi tuna ketepikan untuk sejuk.

MEMASANG DAN MEMBAKAR:

h) Uli doh yang telah kembang di atas permukaan yang ditaburi sedikit tepung selama tiga minit lagi, kemudian kembalikan ke dalam mangkuk yang telah disapu minyak dan biarkan ia mengembang selama 30 minit lagi.

i) Panaskan ketuhar anda kepada 180°C (350°F) atau Gas Mark 4.

j) Canai separuh doh di atas permukaan yang ditaburkan sedikit tepung dan gunakannya untuk melapik loyang berbentuk segi empat tepat.

k) Sudukan inti tuna yang telah disediakan secara rata.

l) Sapu tepi doh dengan air.

m) Canai doh yang tinggal dan letakkan di atas inti. Kencangkan bahagian tepi dan potong lebihan doh.

n) Buat lubang wap kecil pada kerak atas dan taburkan dengan tepung.

o) Bakar dalam ketuhar yang telah dipanaskan selama 30 hingga 45 minit atau sehingga empanada berwarna keemasan pucat.

p) Keluarkan dari ketuhar, biarkan ia sejuk sedikit, kemudian potong dan hidangkan.

97. Galician Codfish Empanada

BAHAN-BAHAN:

doh
- 250 g tepung biasa (atau 175 g tepung biasa dan 75 g tepung jagung)
- 75 ml air suam
- 50 ml minyak zaitun
- 25 ml wain putih
- 20 g yis segar
- ½ sudu teh garam
- 1 biji telur (untuk cucian telur)

PENGISIAN
- 225 g ikan kod, dinyah garam
- 1 biji bawang besar, dicincang
- 1 lada benggala merah besar, dicincang
- 2 ulas bawang putih, cincang
- 2 sudu besar sos tomato
- 1 cawan kismis
- 1 sudu kecil serbuk paprika
- 2 sudu besar minyak zaitun
- 1 sudu teh garam

ARAHAN:

doh

a) Letakkan tepung dalam mangkuk besar.

b) Larutkan yis dalam air suam. Masukkan ke dalam mangkuk. Masukkan minyak zaitun, wain putih, dan garam ke dalam mangkuk.

c) Larutkan yis dalam air suam dan masukkan semua bahan ke dalam mangkuk. Gaul pada kelajuan rendah selama 5 minit sehingga doh menjadi licin.

d) Mula mencampurkan dengan sudu dan kemudian dengan tangan anda. Letakkan doh di atas meja dapur yang bersih dan uli sehingga doh menjadi licin. Ia mengambil masa 8-10 minit. Bentukkannya menjadi bola.

e) Taburkan sedikit tepung di atas mangkuk dan letakkan bola di dalamnya. Tutup dengan kain dan biarkan selama 30 minit.

PENGISIAN

f) Panaskan 2 sudu besar minyak zaitun dalam kuali besar dengan api sederhana rendah. Masukkan bawang besar cincang, lada benggala, dan bawang putih. Masukkan garam dan masak dengan api sederhana hingga lembut dan kekuningan. Lebih kurang 15 minit.

g) Potong ikan kod dalam kepingan kecil. Masukkan ikan kod ke dalam kuali. Masukkan sos tomato, kismis, dan serbuk paprika. Campurkan dan masak selama 5 hingga 8 minit. Isinya perlu sedikit juicy. Mengetepikan.

h) Bentukkan doh dan bakar (lihat video di bawah)

i) Bahagikan doh kepada dua bahagian yang sama, satu akan menjadi asas dan satu lagi penutup.

j) Panaskan ketuhar hingga 200°C. Panas atas dan bawah. Letakkan kertas pembakar di atas loyang.

k) Regangkan salah satu kepingan dengan pin penggelek sehingga anda mendapat kepingan nipis, ketebalan sekitar 2-3 mm.

l) Letakkan doh di atas loyang.

m) Sapukan inti ke atas doh, tetapi biarkan sedikit ruang di sekeliling tepi untuk menutup empanada.

n) Regangkan bahagian doh yang lain. Perlu sama saiz dengan helaian pertama. Letakkannya di atas inti. Kedap tepi.

o) Sapu permukaan dengan telur yang telah dipukul dan bakar selama 30 minit sehingga kekuningan. 200°C.

p) Keluarkan dari ketuhar dan biarkan sejuk sebelum dimakan.

98. Empanada Udang

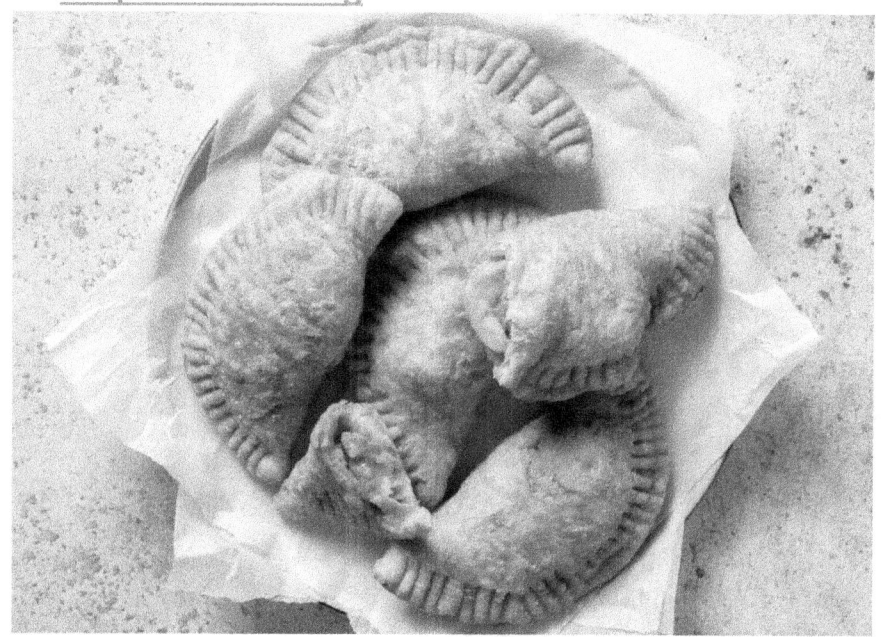

BAHAN-BAHAN:
UNTUK DOH:
- 3 cawan tepung serba guna
- 1 sudu kecil Garam kasar
- ½ sudu teh kunyit kisar
- ¼ sudu teh lada putih
- 10 sudu besar mentega tanpa garam, disejukkan dan dicincang
- 6 sudu besar Lemak babi, sejukkan
- 1 biji telur
- 1 kuning telur
- ½ cawan bir atau air ringan

UNTUK PENGISIAN:
- 2 sudu besar mentega tanpa garam
- 1 Bawang besar, dikupas dan dicincang
- 3 Ulas bawang putih
- 3 biji tomato, dihiris
- ½ sudu teh buah pelaga tanah
- ⅛ sudu teh bunga cengkih dikisar
- ¼ sudu teh lada putih
- 1 sudu kecil Garam kasar
- 1½ cawan Hati kelapa sawit, toskan dan cincang
- 3 sudu besar Parsley
- 1 paun udang, dikupas dan dibuang

UNTUK SEALER DAN GLAZE:
- 1 putih telur
- 2 sudu besar Air sejuk, susu atau krim

ARAHAN:
MENYEDIAKAN doh:
a) Ayak tepung serba guna ke dalam mangkuk.
b) Masukkan mentega tanpa garam yang telah disejukkan dan dicincang dan gaul sehingga adunan menyerupai tepung kasar.
c) Masukkan telur, kuning telur, dan ¼ cawan air sejuk. Teruskan mengadun dan menambah air sehingga menjadi doh yang padat.
d) Uli doh sehingga licin, kemudian bungkus dan sejukkan selama 15-30 minit.

MENYEDIAKAN PENGISIAN:
e) Dalam kuali kecil, panaskan mentega tanpa garam.
f) Masukkan bawang merah dan bawang putih yang dicincang, dan masak dengan api sederhana sehingga bawang menjadi lut sinar, yang mengambil masa kira-kira 5 minit.
g) Masukkan tomato cincang, buah pelaga yang telah dikisar, bunga cengkih, lada putih, dan garam. Masak selama kira-kira 8 minit.
h) Masukkan hati sawit yang dicincang dan masak selama 5 minit lagi, atau sehingga cecair telah sejat.
i) Ketepikan inti dan biarkan sejuk, atau sejukkan semalaman, bertutup dengan baik.

MEMBUAT SEALER DAN GLAZE:
j) Campurkan kuning telur dan air sejuk untuk membuat pengedap dan sayu. Ketepikan.

MEMASANG DAN MEMBAKAR:
k) Panaskan ketuhar anda kepada 400 darjah Fahrenheit (200 darjah Celsius).
l) Di atas papan yang ditaburkan tepung, canai doh setebal ⅛ inci dan potong segi empat sama 4 inci.
m) Uli serpihan doh dan gulung semula, ulangi proses untuk membuat petak sehingga semua doh digunakan.
n) Letakkan satu sudu besar inti ke tengah setiap petak, kemudian letakkan udang di atasnya.
o) Basahkan tepi doh dengan pengedap dan bentuk segitiga dengan melipat doh di atas inti.
p) Tekan tepi bersama-sama dengan garpu untuk mengelak.
q) Letakkan empanada pada lembaran pembakar yang dialas dengan kertas parchment.
r) Sapu empanada dengan sayu yang tinggal.
s) Bakar dalam ketuhar yang telah dipanaskan selama 25 minit atau sehingga ia bertukar menjadi perang keemasan.
t) Pindahkan empanada ke rak untuk menyejukkan sedikit, kemudian sajikan hangat.
u) Nikmati Empanadas de Camarão lazat anda yang dipenuhi dengan udang berperisa dan hati kelapa sawit!

99. Empanada Anggur dan Daging Lembu

BAHAN-BAHAN:
- 1 paun daging lembu kisar tanpa lemak
- ½ cawan bawang besar dipotong dadu
- 2 sudu besar serbuk cili
- 2 sudu teh jintan halus
- 1 sudu teh serbuk bawang putih
- ½ sudu teh kayu manis tanah
- ½ sudu teh setiap garam dan lada sulah
- 1 cawan hirisan Anggur Ontario Jupiter™
- 3 helai pastri puff premade
- 1 biji telur
- 2 sudu besar air
- 1 cawan Anggur
- ½ cawan bawang besar dihiris halus
- ¼ sudu teh halia kisar
- ½ sudu teh serbuk bawang putih
- ¼ sudu teh garam

ARAHAN:

a) Panaskan ketuhar anda kepada 425°F (220°C) dan lapik dua helaian pembakar dengan kertas parchment; ketepikan mereka. Dalam kuali besar di atas api sederhana tinggi, masak daging lembu, bawang, serbuk cili, jintan putih, serbuk bawang putih, kayu manis, garam dan lada selama kira-kira 8 minit atau sehingga daging lembu masak dengan sempurna.

b) Toskan sebarang lemak berlebihan. Kacau dalam anggur dan ketepikan adunan tadi.

UNTUK EMPANADA:

c) Gunakan mangkuk atau pemotong biskut untuk memotong dua belas bulatan 5 inci daripada pastri puff yang telah digulung sebelumnya. Letakkan bulatan di atas dulang pembakar yang dialas kertas. Sudukan 3 sudu besar (45 mL) inti ke tengah setiap bulatan.

d) Dalam mangkuk kecil, pukul bersama telur dan air. Sapu tepi setiap bulatan dengan cucian telur dan lipat pastri separuh, masukkan inti ke dalamnya. Tekan tepi ke bawah dengan garpu.

e) Susun empanada di atas dulang pembakar yang telah dialas. Sapu cucian telur di atas setiap empanada.

f) Bakar selama 20 minit atau sehingga bahagian atas bertukar keemasan.

UNTUK CHUTNEY:

g) Dalam periuk bersaiz sederhana di atas api sederhana, kacau dalam anggur, bawang merah, halia, serbuk bawang putih, dan garam. Tekan anggur pada sisi kuali untuk mengeluarkan jusnya dan biarkan adunan mendidih.

h) Masak selama 8 minit, kacau selalu, sehingga sedikit cecair yang tinggal. Biarkan ia sejuk sepenuhnya.

i) Hidangkan chutney bersama empanada yang baru dibakar. Nikmati!

100. Hazelnut dan Pisang Empanada

BAHAN-BAHAN:
- 1 pisang masak besar, dikupas dan dipotong dadu
- 1 cawan Nutella
- 2 kerang pai 9 inci yang disejukkan
- 2 sudu besar air
- 2 sudu besar gula pasir
- aiskrim kayu manis

ARAHAN:

a) Dalam mangkuk, masukkan Nutella dan pisang dan gaul sehingga sebati.

b) Letakkan doh di atas permukaan yang ditaburi sedikit tepung dan potong kepada 2 bahagian yang sama besar.

c) Sekarang, gulungkan setiap bahagian menjadi segi empat tepat 14x8 inci dengan ketebalan ¼ inci.

d) Dengan pemotong biskut 3 inci, potong 8 bulatan dari setiap segi empat tepat doh.

e) Letakkan kira-kira 1 sudu teh campuran Nutella pada setiap bulatan doh.

f) Dengan jari yang basah, lembapkan tepi setiap bulatan.

g) Lipat doh di atas inti dan tekan tepi untuk mengelak.

h) Di bahagian bawah loyang beralaskan foil, susun empanada.

i) Salut setiap empanada dengan air dan taburkan dengan gula.

j) Letakkan dalam peti sejuk selama kira-kira 20 minit.

k) Tetapkan ketuhar anda kepada 400 darjah F.

l) Masak dalam ketuhar selama kira-kira 20 minit.

m) Nikmati hangat bersama ais krim kayu manis.

KESIMPULAN

Sambil kami menikmati hidangan terakhir "Makanan ringan terbaik di kedai kopi" kami berharap perjalanan kulinari ini telah menambahkan sedikit kegembiraan kepada ritual kopi anda. Dari seteguk pertama hingga serbuk terakhir, 100 suapan yang lazat ini adalah bukti seni menggandingkan rasa dan mencipta tarian harmoni antara kopi dan makanan.

Sama ada anda pernah mengalami gigitan ini bersama rakan-rakan, semasa kesunyian yang tenang atau sebagai acara kemuncak perhimpunan tengah hari, kami percaya bahawa setiap resipi telah membawa lapisan baru keseronokan kepada pengalaman kedai kopi anda. Koleksi yang dipilih susun dengan teliti, daripada manis hingga savuri, direka bentuk untuk memenuhi setiap selera dan majlis, menjadikan rehat kopi anda seketika untuk dinanti-nantikan.

Sambil anda terus meneroka dunia kopi dan makanan, semoga resipi ini memberi inspirasi kepada anda untuk mencipta gandingan menarik anda sendiri, menyemai detik kopi anda dengan kreativiti dan kegembiraan masakan. Berikut adalah lebih banyak cawan kopi, ketawa bersama dan keseronokan menikmati pengalaman "Makanan ringan terbaik di kedai kopi". Bersorak untuk meningkatkan perjalanan kopi anda dengan gigitan yang lazat!

www.ingramcontent.com/pod-product-compliance
Lightning Source LLC
Chambersburg PA
CBHW071309110526
44591CB00010B/838